CINCO ANOS

KDU DOS ANJOS

Idealização e organização

© 2020, Por Kdu dos Anjos
© da edição 2020, por Crivo Editorial

Idealização e organização: Kdu dos Anjos
Edição: Kdu dos Anjos, Haley Caldas e Lucas Maroca de Castro
Edição de texto: Amanda Bruno
Projeto gráfico: Haley Caldas e Izabela Santiago
Ilustração e Capa: Gui Jorge
Produção gráfica e diagramação: Haley Caldas
Revisão e leitura sensível: Carol dos Anjos e Fernando Maculan

Dados Internacionais de Catalogação na
Publicação (CIP) de acordo com ISBD

A5991	Anjos, Kdu dos
	Lá da Favelinha / Kdu dos Anjos. - Belo Horizonte : Crivo Editorial 08/2020.
	184 p. : il. ; 14,8cm x 21cm
	ISBN: 978-65-990411-7-4
	1. Movimentos Sociais. I. Título.

CDD 303.484
CDU 301.175

2019-1904

Elaborado por Vagner Rodolfo da Silva - CRB-8/9410

Índice para catálogo sistemático:
Movimentos Sociais 303.484
Movimentos Sociais 301.175

Crivo Editorial
Rua Fernandes Tourinho, 602, sala 502
30.112.000 - Funcionários - BH - MG

www.crivoeditorial.com.br
contato@crivoeditorial.com.br
facebook.com/crivoeditorial
instagram.com/crivoeditorial
https://crivo-editorial.lojaintegrada.com.br/

SUMÁRIO

VOCÊS TÊM QUE VIR PRO LÁ DA FAVELINHA	7
ROTEIRO[1] DE TRÊS ANOS DE LÁ DA FAVELINHA	10
MANO BETTO	15
REALIDADE A OLHO NU	18
FLOW ADRIANO IMPERADOR	21
O REMEXE E OUTROS ROLÊS	25
EXPOSIÇÃO LÁ DA FAVELINHA NO MUMO – MUSEU DA MODA	56
BARRACO DO KDU	60
ONDE VOCÊ VAI MORAR EM 2050?	64
PARKLET DA FAVELINHA	65
LEVANTE FAVELINHA	70
LIVRES	74
LANÇAMENTO DO PRIMEIRO CD DOS MCS DA FAVELINHA NO VAC	77
MIGAS IN PARIS	80
CONTADOR DE HISTÓRIAS	83
FAVELINHA FASHION WEEK	86
MEU NOME É NEGONA, MAS PODE ME CHAMAR DE RESISTÊNCIA	109
VIDA	113
PASSOS DADOS	115
LUGAR ESTRANHO	117
FIKA RYCA FAVELINHA	120

LAMBUZA FAVELINHA

UMA HISTÓRIA PARA SER DEGUSTADA COMO DOCES EM PEDAÇOS — 125

DISPUTA NERVOSA — 128

DISPUTA NERVOSA — 130

CARLIM — 140

MEU NOME É CAUÃ — 142

PROJETO SOFIA - CIÊNCIA E TROCA DE SABERES COM O CENTRO CULTURAL

LÁ DA FAVELINHA — 143

OI! VOCÊ CONHECE O LÁ DA FAVELINHA?

FUNK, ARTE, RESISTÊNCIA E PODER NOS MORROS DE BELO HORIZONTE — 148

REFERÊNCIAS BIBLIOGRÁFICAS — 163

AUTORES — 165

NOTAS — 177

ÍNDICE FOTOGRÁFICO — 183

PREFÁCIO

VOCÊS TÊM QUE VIR PRO LÁ DA FAVELINHA

MC BIGNEI

Vocês têm que vir pro Lá da Favelinha,
Porque vai ser muito legal ler revistinha.

E mais uma coisa, eu vou te falar
Que é muito importante improvisar.

Eu sou o Bignei e tô aqui marcando presença,
Mostrando pra vocês que toda ação tem consequência.

Venham pra Favelinha, venham pro Cafezal,
Venham conhecer o nosso centro cultural.

Aqui é tranquilo e todos são da paz,
Porque todas as oficinas têm sabor de quero mais.

Na Rua do Bosque você aprende a ler,
A se comunicar e com geral se envolver.

Venham aprender como é bom ser criança,
Porque para o mundo somos mais que esperança.

Nós somos crianças e não temos conhecimento,
Pois quem sabe muito não nos passou o talento.

Aprendemos com o tempo juntando os conhecimentos,
Tem coisas que pra saber precisamos sentir no peito.

Não temos preconceitos. Pode chegar pra cá
Sejam brancos, sejam pretos sempre terá o seu lugar.

Se gosta de azul ou gosta de rosa,
Depois das oficinas tem uma merenda saborosa.

Venham com os amigos, venham com os irmãos,
Lá da Favelinha tem amor no coração.

ROTEIRO[1] DE TRÊS ANOS DE LÁ DA FAVELINHA

ROGÉRIO COELHO

[**Jogo de cena:** Várias pessoas respondendo "Lá", como se alguém perguntasse a elas "onde é?"]

Lá...

[**Entra música**]

No alto do morro é o melhor lugar para estar/ porque é o mais perto do céu que eu consigo chegar... pisando em terra firme/

Lá... Onde nós moramos!

Nós que moramos mais perto do espaço sideral, somos a rotina dos ares, dos astros, das estrelas. Somos a rotina da Vila Novo São Lucas. Vila, morro, quebrada, gueto, favela. A favela está no alto. A favela está em alta! Cortando na alta, as crianças correm e o comércio desembola uma lanchonete, uma *lan house*, utilidades descartáveis onde tudo se aproveita. Lá... Nós aproveitamos tudo! Abrimos espaço em cada beco, rua, viela, passagem, cozinha, terraço. E de lá vemos a cidade. Ah, cidade! Onde as luzes vão acalmando a noite, formando um chão de estrelas, cessando o barulho que vem de lá.

Do lado de Lá, o barulho é nosso conforto. Motos sobem e descem o morro. A todo instante carros, estacionados dos dois lados da rua, complicam a passagem do "miquinho", ônibus que circula entre as vilas do Aglomerado da Serra. O tráfico de drogas também segue com suas atividades, homens com rádios comunicadores intergalácticos vigiam o local e, de vez em quando, alguém grita: 'tá rolando!', pra avisar que chegou mercadoria. Lá. Lá, Nós somos a favela! Nós somos filhos, mães, pais, macumbeiros, cristãos, motoboys, maloqueiros, traficantes, marginais... Curandeiras, motoristas, pedreiras, obreiras fraternais... Poetas, dançarinas, atores demais, ...Nós somos de lá... Nós somos *Lá da Favelinha*! Uma lanchonete que virou salão, que virou loja de utilidades, que virou o *Centro Cultural Lá da Favelinha*, que virou a cabeça de muita gente. E bem pertinho do céu fabricamos a mercadoria mais orgulhosa... Alegria.

[**Entra música**]

Alvorada, Lá no morro que beleza, ninguém chora não há tristeza, ninguém sente o dissabor...

A alegria de ter arte e cultura no prato todo dia, como alimento farto pra todas as pessoas que passam pelo Centro Cultural Lá da Favelinha. Lá, onde há três anos, o número 191 da rua Rua Doutor Argemiro Costa mani-festa junto com a população pelo direito de ocupar, pelo acesso à cultura, pela economia local, pelo esforço coletivo e pelo desejo de um futuro melhor. Contrariando estatísticas e expectativas, enquanto a elite hegemônica cria famintos, nós criamos a fome. A fome de mudança, a fome de cultura e acesso, a fome de educação.

Quem mora lá no morro vive mais perto do espaço sideral. Já dizia o poeta cantor pernambucano, imaginando que a vida fora deste planeta só pudesse existir se copiassem a favela. Tal qual de sua produção cultural e elementos que se misturam. Somos uma moda própria, um corpo próprio, uma comida, um jeito de andar, de receber as pessoas; de dançar numa laje, tomar cerveja na escadaria dos becos... De amar a rua. Ah rua! João era do Rio, mas foi na rua que ele conheceu gente de verdade. Nós amamos a rua!

[**Continua música, algum rap de lá...**]

[**Entra texto escrito nas imagens:** O Centro Cultural Lá da Favelinha é um espaço que oferece atualmente 16 oficinas gratuitas semanalmente; conta com 20 voluntários; atende regularmente 80 pessoas, entre crianças, adolescentes, jovens e adultos; promove 10 eventos culturais e está gerando renda, emprego e reconhecimento para os artistas locais.]

[**Entra texto nas imagens:** Oficinas: inglês, espanhol, canto, violão, teatro, corpo e movimento, comunicação, troca de saberes, capoeira, ritmo e poesia, ballet, passinho, artesanato, percussão, acroyoga e stencil. Eventos: Arraiá da Favelinha, Bazar da Favelinha, Cineclube Favelinha, Disputa Nervosa, Favelinha Fashion Week, Fika Ryca Favelinha, Forró da Favelinha, Música Popular da Favelinha, Rap da Favelinha e Sarau da Favelinha.]

[**Imagens com legendas dos grupos culturais:** MCS da Favelinha, Gangster Life, Rap Bruto, MCS Mirins da Favelinha, Passistas Dance, Favelinha Dance e Passistas Mirins.]

[**Pequenas entrevistas:** É uma manifestação social legítima, sem distinção de classe ou cor, que está descendo o morro e ocupando o asfalto. A organização independente começou em 2008, como uma oficina de Ritmo e Poesia, ministrada pelo empreendedor social Kdu dos Anjos. "Eu venho de projetos sociais. Quando criança tinha aulas de teatro, marcenaria e violão. Eu sentia falta de que a nova geração tivesse ocupações e referências fora do tráfico. Hoje temos MCS e dançarinos de dentro da comunidade que são referência", conta o gestor e fundador do espaço.]

[**Pequenas entrevistas:** Uma das vidas que foi tocada é a de Alex Barbosa Rodrigues de Morais, conhecido pelo nome artístico de Taík D'Morais. O jovem de 19 anos conheceu o Centro Cultural exatamente há três anos, e comemora essa data com muito carinho: "Quando cheguei aqui tinha brigado com a minha família, estava meio perdido na rua e me envolvi nas correrias do morro, porque a realidade que eu vivo é essa, então me apeguei ao que estava mais fácil e mais perto de mim. Quando conheci a Favelinha já fazia música, mas tava meio sem foco. Me incentivaram a estudar, me deram uma moral. Eu guardei cada palavra e descobri que para mudar era preciso força de vontade".]

[**Pequenas entrevistas:** "Hoje a gente tá na mídia e a Favelinha saiu do caderno policial para ocupar espaços de cultura e moda. Isso sim é revolução", completa Kdu. É notável o empoderamento comunitário, as pessoas começam a notar que podem ir além e fazer escolhas que superam o que é imposto socialmente. "Existe a favela, um abismo e o mundo artístico, a Favelinha é a ponte que nos guia pra onde a gente quer ir, nos dá escolhas", conclui Taík.]

[**Textos informativos:** As aulas tomaram uma proporção maior e deram início ao grupo cultural Lá da Favelinha, inicialmente composto apenas por rappers. Com a conquista de um espaço veio a biblioteca e o engajamento pelas redes sociais possibilitou que o local rapidamente se tornasse o Centro Cultural Lá da Favelinha. O projeto se mantém por meio de um financiamento coletivo recorrente que supre as despesas com aluguel, luz, água, internet e telefone, limpeza, zeladoria, lanche, material de escritório e combustível. São dois mil reais mensais que mudam vidas.]

Lá...

Do rap à biblioteca; da lanchonete ao espaço de dança; do morro ao centro; do centro do morro ao mundo; da casa à arte; do morro à lua... É onde queremos chegar!

Vagalumes têm luz própria, uma explosão que vem de dentro e incendeia todo o corpo, os corpos incendeiam a vila e a vila incendeia o mundo. Somos vagalumes que resolvemos brilhar no mesmo pulso. Pulsa dentro de nós o desejo de explodir de amor, e que nossas lascas acabem com a opressão. Como diria Giocconda: uma missão, a de espalhar o fogo de cultura, arte e cidadania pelos quatro cantos da América Latina. E, no momento maior, acendemos todos juntos mandando uma mensagem... Lá da Favelinha.

MANO BETTO

KDU DOS ANJOS

Black Bird, Assum Preto, Cego de Um Olho Só, Black Rei, "ele é o cara do morro", mano, Betão! Não tinha tempo ruim, bom filho, bom pai. Frases prontas para momentos certos: "onde se dorme de favor, não se estica as pernas". Como alguém que parou de estudar na sétima série conseguia escrever "o governo nos oprime e nos deixa no abandono, o povo vai vivendo síndrome de Estocolmo"? Ele explicou que síndrome do Estocolmo é quando o oprimido se apaixona pelo opressor. Vai vendo...

"Morador do aglomerado da Serra, pai da Larissa, oficineiro, vencedor da Rua do Bosque, Eriberto da Silva Monteiro ou Mano Betto, 24 anos, lança sua primeira música, "Rua do Bosque", no dia 21 de janeiro de 2015, no Centro Cultural Lá da Favelinha, projeto onde iniciou sua trajetória como rapper." Saiu a matéria do jornal "Hoje em dia", imaginem a felicidade do Mano! Orgulhoso, repetia pela rua enquanto mostrava o jornal impresso para os parados e passantes: "temos um preto da quebrada no jornal é não é na página policial!", e, como sempre, caímos na risada.

O filho de Xangô foi cantar no Rio de Janeiro, avisou todos os jovens da comunidade e, por lá, antes da apresentação, desapareceu no mar... Durante sete dias, quase oito, ficou desaparecido nas águas de Copacabana. Na noite anterior à que acharam o corpo, sua mãe sonhou que o corpo estava boiando e, em pouco tempo, receberíamos a notícia. Dito e feito! A primeira reação da família e de quem acompanhava aquele drama de perto foi comemorar, celebrar o fim da angústia do desaparecimento, mesmo sabendo que era o início de uma nova dor.

Fui ao cartório com a Erika, irmã do finado Mano. Quando voltamos para a comunidade a ficha caiu, o Mano se foi, e juntos choramos...

Ele sempre chegava atrasado e, com a cara mais lavada do mundo, dizia: "eu estava penteando o cabelo", rs. Dá pra acreditar que o enterro estava marcado para as 10h e o corpo só chegou às 10h30? Em algum lugar do céu ele ria e olhava por nós!

Rezo pela sua família, principalmente por sua mãe e sua filha, rezo para Deus confortá-las e enchê-las de amor e descobertas sobre as suas/nossas missões nesta vida. O Centro Cultural Lá da Favelinha seguirá eternamente homenageando este guerreiro que ajudou a levantar nosso espaço, desfrutou ao máximo de tudo o que aconteceu. Aquele que venceu a Rua do Bosque deixou uma mensagem:

"Sou um grão de areia, na beira deste oceano, a esperança não morreu, por isso estou rimando."

Descanse em paz, Black Rei.

REALIDADE A OLHO NU

BOBNEI DOPOIS DOS TRINTA

Não sou profeta, nem tampouco missionário,
Mas o diário desse mundo tá na cara.
Sou mais um viajante na boleia do destino
Sou mais um fio da tesoura e da navalha.
Tenho tanto o que aprender, tenho muito pra ensinar,
Tenho tanto o que ouvir, tenho muito pra falar.
Sou lá da favela dá licença pra chegar,
Lá da Favelinha, Centro-Sul de BH.

Tipo samurai de rolê pelas quebrada,
Mais um MC contrariando uns camarada.
Com a antena ligada no estilo Chapolin,
Mudo como aquele ator, Charles Chaplin.
Só para fingir se os home chegar aí,
"O que está acontecendo?" Pera aí, eu nem vi.
Tô chegando aqui agora não complica, na moral.
Se é guerra de selva: saiam já do meu quintal.
Se for pra respeitar, respeita meu cafezal.
Se tiver de mandado procura no bananal,
Quem sabe achem o ouro escondido no embornal.
Se procurarem prata corram pro Banco Central.
Mas não acharam nada, sumam, já se esvazia
Deixa eu conviver na moral com a minha família.

Não sou profeta, nem tampouco missionário,
Mas o diário desse mundo tá na cara.

Sou mais um viajante na boleia do destino,
Sou mais um fio da tesoura e da navalha.
Tenho tanto o que aprender, tenho muito pra ensinar,
Tenho tanto o que ouvir, tenho muito pra falar.
Sou lá da favela dá licença pra chegar,
Lá da Favelinha, Centro-Sul de BH.

São várias verdades, poucas delas que são dita,
Quando me lembro dos imposto imagino cocô de cabrita.
Se for pra mim rir, chamam lá logo o Tiririca.
Mas se for pra mim chorar, chama o Lula, chama a Dilma.
Mas vamos esquecer disso tudo, senão complica.
Se falarmos de governo, mistura-se tudo e acaba em pizza.
Mas se for falar sério, vou falar do Rumo Certo,
Que chegou na nossa área com o nosso Mano Beto.
Hoje ele está lá no céu, mas de lá nos vê bem de perto.
Pois deixou a sua semente aqui nessa terra, selva de concreto.
Ligou a realidade do morro pros menor,
Ligou que começa no álcool e termina no pó.
Falou também pra nós cuidar da vida,
E pra conviver na moral com a família.

Não sou profeta, nem tampouco missionário,
Mas o diário desse mundo tá na cara.
Sou mais um viajante na boleia do destino,
Sou mais um fio da tesoura e da navalha.
Tenho tanto o que aprender, tenho muito pra ensinar,
Tenho tanto o que ouvir, tenho muito pra falar.
Sou lá da favela dá licença pra chegar,
Lá da Favelinha, Centro-Sul de BH.

Vou levando a vida com as minhas raízes,
Pra mim o que importa na vida é sermos felizes.
Vou com os meus galhos por becos e vielas,

Desço pro asfalto, mas não saio da minha favela.
Assim, logo que levanto faço uma oração e acendo uma vela,
Vejo o meu mudo pela greta da janela,
Lavo os meus olhos cheios de remela,
e ligo o meu som, pra curtir na minha favela.

Não sou profeta, nem tampouco missionário,
Mas o diário desse mundo tá na cara.
Sou mais um viajante na boleia do destino,
Sou mais um fio da tesoura e da navalha.
Tenho tanto o que aprender, tenho muito pra ensinar,
Tenho tanto o que ouvir, tenho muito pra falar.
Sou lá da favela dá licença pra chegar,
Lá da Favelinha, Centro-Sul de BH.

FLOW
ADRIANO IMPERADOR

MC VINI JOE

Fiz uns rap bem bolado
Que é pra geral ficar na onda
Me escureci pra poder aparecer
Por mais que a noite me esconda
Há luz negra no fim do túnel
Esperança é o que esses mano vão dizer
Cês botaram tanta fé em mim que digo que
Eu vou ser o último a morrer.
Sambo na cara tipo um mestre-sala
Abram alas Vini Joe na cena, grito das senzalas!
Já alcancei o topo, todas as escalas
Vim pra expulsar os bico, vamo: façam as malas!
O sentimento de aprendizagem incessante
Larguei corrente, eu quero os cordão brilhante.
Vim pra ser notado mais que notificação
Voando eu passei o teto, tô com o pé no chão.
O início foi aos 16, mano, eu ainda sou Assprom
Te trago *punchs* na picadilha Coruja,
Mas sempre com a sapiência de Rincon
LDF, o Lar dos Felizes
Aonde moram todos os meus aliados
Eu também sou LDF meu parceiro,
Me chame de: o Limite dos Fracassados
Não precisa ser profeta, nem tampouco missionário
Pra saber que: a Favelinha tá no topo.
De vivência tamo rico, de cultura, milionário.

O que cês tão fazendo contra ainda é pouco.
É que eu vim pra ser negro rico, mas não saio da favela
Por ela eu ainda guardo muito amor.
Porque eu não sou desses pipoca, que estoura com panela
Esse é o Flow Adriano Imperador

VNSensação
VNSensacional
Eu ia até mandar um recado,
Só que eu já nem tenho mais rival.

Tô focado igual *K-dot* na situação
777 problemas, mas tô esperto.
Não é que eu comande esse batalhão,
É que o tamanho de um homem se mede no tanto que ele dá de
papo reto.
E pra quem tava acostumado a rimar em *boom bap*
Me fiz de *Jeep*, pra acelerar no *trap*.
Quero ser referência pra esses moleque
Ganhar grana pra caralho e não me cegar com esses *flash*.
Tem quem fale do meu ego, não entende que isso é convicção,
Que se Darwin fosse vivo, meu parceiro, só de me olhar entenderia
a evolução.
Tô sem *gutcharra no mic* deixando esses mano tudo puto.
Os manos daqui levam uma *Gangster Life*, enquanto isso eu faço
o meu Rap Bruto

VNSensação
VNSensacional.
Eu ia até mandar um recado,
Só que eu já nem tenho mais rival.

O REMEXE E OUTROS ROLÊS

FERNANDO MACULAN

ANTECEDENTES

Kdu me pediu um texto que falasse (muito livremente, nas palavras dele) sobre o projeto REMEXE, que realizamos juntos, em julho de 2017, no Aglomerado da Serra. Depois de alguns esboços iniciais acabei achando que poderia ser interessante apresentar um relato pessoal sobre como esse encontro aconteceu e ampliar o conteúdo para alguns trabalhos que antecederam o REMEXE e para desdobramentos que surgiram desse projeto.

O REMEXE foi uma oficina de *upcycling*[2] de roupas que envolveu um grupo de moradores das comunidades da Serra e que foi viabilizado por meio da iniciativa do Sebrae-MG junto à iniciativa social do Projeto Providência, o projeto de empreendedorismo no aglomerado BH Negócios, o Centro Cultural Lá da Favelinha e um time interdisciplinar de consultores, do qual faço parte.

Mas, afinal, o que faz um arquiteto em uma oficina de costura na favela?

Muita gente já me fez perguntas como essas e confesso que já cheguei mesmo a pensar se não desvio demais meu interesse e meu tempo para tantos temas que parecem se distanciar muito da arquitetura, que sempre foi minha atividade central.

No fundo, acho que eu sempre soube que me aproximar de outras áreas, outros conhecimentos, processos, pessoas e experiências de vida tão diferentes da minha acabaria fazendo todo o sentido na construção de minha visão do mundo e, como não poderia deixar de ser, na minha maneira de pensar e fazer arquitetura.

Voltando lá atrás, o primeiro desses desvios aconteceu em 2003, cinco anos depois de ter me formado, quando entrei em uma aventura no design de joias com o querido amigo Adriano Mol, ele sim um especialista no ramo. A influência mútua desse encontro acabou surpreendendo a nós mesmos e frutificando em prêmios internacionais, viagens, pesquisas e muitos experimentos em processos de fabricação com uma infinidade de materiais, em escalas em que a fração de um milímetro conta, e muito.

Entretanto, foram as oportunidades que surgiram depois dessa variedade de escalas que, nunca deixou de me instigar, que me apresentaram uma abordagem mais voltada para o interesse social no campo do design, e que acabaram me levando ao encontro com a turma da Favelinha, há pouco mais de um ano.

2006 foi o ano que marcou, em definitivo, minha aproximação com experiências do design feitas com e para as pessoas. O convite dos artistas Marcelo Drummond e Heloísa Crocco para participar do Laboratório Piracema de Design, "um grupo de estudo transdisciplinar sobre a cultura visual e material do país", me levou a conhecer e conviver com comunidades de artesãos com o propósito de uma rica troca de saberes, em lugares tão improváveis como o Bico do Papagaio, no encontro dos estados do Tocantins, Maranhão e Pará, a cidade ribeirinha de Caracaraí, em Roraima, Ponte Alta, no Jalapão, e Valente, no sertão Baiano.

Nessa mesma época, tive a sorte de conhecer a Paula Dib, quando participávamos da seleção do *British Council*, que pretendia reconhecer novos designers empreendedores no cenário mundial. Paula se destacou com sua abordagem do design como ferramenta de transformação social e foi a grande vencedora internacional do prêmio. Foi generosa ao me convidar para participar com ela de um dos desdobramentos da premiação, quando trabalhamos, em 2007 e 2008, com crianças de famílias imigrantes na *Villiers High School*, uma escola na periferia de Londres. Na ocasião, elaboramos exercícios de criação e desenvolvimento de protótipos que auxiliassem na inserção e no pertencimento dos alunos em um verdadeiro caleidoscópio cultural. Nasceu aí uma grande amizade e uma parceria frequente, que não por acaso viria a marcar o projeto REMEXE.

REMEXE

A metodologia adotada no projeto REMEXE tem seu primeiro embrião no modelo de desafio 30H proposto pela Paula Dib nas atividades que realizamos juntos com os estudantes em Londres. Essa mesma estratégia, que tem demonstrado uma grande capacidade de adesão e engajamento dos participantes em um período curto e intenso de trabalho coletivo, foi também adotada no projeto que fizemos com costureiras do Taquaril, em 2008, utilizando resíduos têxteis cedidos pela marca mineira Coven para a criação de uma coleção infantil.

O REMEXE, entretanto, acabou se revelando como uma experiência completamente singular, já na maneira quase espontânea com que se formou o time de consultores do projeto. Os nomes iam surgindo como ideias e desejos, e as participações se concretizavam logo no primeiro contato. Quando recebi o telefonema da Marcia Machado do SEBRAE-MG fazendo uma consulta para o projeto, pensei imediatamente na equipe que havia trabalhado no Taquaril: Paula Dib na vertente do design social e Andrea Costa Gomes no design gráfico. Andrea pensou na designer de moda Luluz (Luisa Luz, que se tornou verdadeiro ícone do REMEXE), que, em sintonia como a Paula, sugeriu chamarmos a Gabriela Mazepa, da Re-roupa. Através da Paula, trouxemos também o Antônio Lino, que escreveu os incríveis textos-síntese do REMEXE. Através das amigas do estúdio Tertúlia, chegamos ao fotógrafo Mauro Figa, responsável por todo o registro visual do projeto.

Trabalhar com comunidades não era novidade para nenhum de nós, mas estou certo de que havia, naquele momento, uma disposição especial de cada um para mergulhar na realidade do Aglomerado e se abrir para uma troca de experiências e conhecimentos que acaba sendo bastante rara, para os dois lados. Em um momento em que as diferenças sociais se acentuam de forma extrema no Brasil, e que tantas injustiças são cometidas diariamente contra as periferias e seus moradores, estabelecer um diálogo próximo, afetivo, horizontal e frutífero – um papo reto! – se torna urgente.

Eu mesmo vinha passando por um período de desânimo com as relações de trabalho na minha área, marcadas tão frequentemente pela falta de atenção, de respeito e de comunicação entre as pessoas. A crise financeira que o país ainda atravessa aparece como um argumento fácil para tudo isso, mas foi justamente na favela, onde a crise certamente é mais aguda, que vi modelos de trabalho e cooperação mais saudáveis, respeitosos e alegres que aqueles que vivenciamos em nosso dia a dia no asfalto. Percebo que isso se revela numa opção natural – e talvez inevitável – pela coletividade como algo necessário para vencer as agruras cotidianas nas favelas e periferias, e que contrasta a postura individualista e assimétrica que caracteriza a lógica de acumulação financeira e material de outros contextos.

A despeito do clima político e econômico do momento, o que vivenciamos desde o primeiro encontro com a turma da Favelinha e os participantes do REMEXE foi uma experiência de leveza, fluidez e muita positividade. Estávamos reaprendendo ali que o trabalho pode ser mais prazeroso, e que isso só viria a reforçar o compromisso e a seriedade que todos nós compartilhávamos no projeto.

Voltando aos objetivos da oficina, os pontos de partida foram a costura e a moda, uma vez que o Lá da Favelinha já havia iniciado sua própria marca e realizado ações memoráveis como a Formação de Quadrilha, que é uma produção de moda relacionada à cultura da festa junina, e o desfile no Beco Passarela. Nas primeiras reuniões com Kdu, Paula Dib e Luluz, fomos construindo juntos a ideia de trabalhar com o *upcycling*, fazendo roupa a partir de outras roupas, com peças de brechó, acessórios e resíduos.

Então, a presença da Gabriela Mazepa foi fundamental e contribuiu para uma visão ampla da importância local e mundial desse tipo de procedimento como forma de reduzir o consumismo, o desperdício e a geração de resíduos têxteis. Poucos conheciam os números extraordinários e assustadores que a indústria da moda carrega em relação ao volume de roupas e resíduos que se amontoam em aterros sólidos em todo o mundo, bem como em relação aos milhares de trabalhadores deste campo que trabalham em situações que beiram a escravidão.

O reaproveitamento e a transformação de coisas do nosso cotidiano para outros usos são parte de uma cultura que sempre existiu em meio à população brasileira, e mais ainda nas favelas, onde o *upcycling* já estava instaurado muito antes deste termo ser criado, em 1994, pelo ambientalista alemão Reine Pilz. Parece que ali tudo pode ser reapropriado, reinventado, e isso tem muito a ver com a criatividade que se gera a partir de uma necessidade, mas também de um desejo pelo novo, pela descoberta. Há um aspecto claramente político no exercício criativo de "transformar roupa em roupa". Ressignificar roupas antigas é uma nova forma de se vestir e de se comunicar.

Aqui chegamos a outro aspecto fundamental do projeto: o de revelar uma identidade; de usar a moda como um meio de expressão, de permitir que cada um se reconheça e se apresente para o mundo de forma propositiva. Trata-se de um exercício de afirmação de valores e códigos internos, locais, e do fortalecimento de uma autoestima individual e coletiva que vive sob constante ameaça frente a um mercado que dá pouca importância à diversidade, e de um sistema de comunicação de massa que supervaloriza sempre o que nos é exótico, o que vem de fora.

O nome que resumiria tudo o que estava por vir chegou depois de algumas tempestades de ideias, veio pela Andrea: REMEXE. Mandamos imediatamente a ideia para o Kdu e em segundos ele cantou de volta pelo Whatsapp os versos da música recém-lançada do MC Delano. Decidido o nome, já tínhamos até a trilha sonora, antes mesmo de começar. O nome já nascia inspirado pela inquietude do ambiente: a música, a dança, o movimento cultural, as disputas (nervosas) de passinho. Nada na comunidade é estático. Remexer, reorganizar, ajustar e adaptar são conceitos que estão na essência do dia a dia dinâmico da Favelinha.

As oficinas aconteceram nas instalações da unidade Fazendinha do Projeto Providência, no Cafezal, e reuniram mais de 30 participantes em um grupo bastante heterogêneo, tanto no que diz respeito à faixa etária (que variou dos 20 aos 60 anos) quanto em relação às habilidades, à formação e aos interesses de cada um. O que fez com que tudo fluísse, independentemente das diferenças, foi a abordagem mais focada na criatividade, com uma estratégia prática simples, mas sempre associada a uma reflexão sobre este mesmo fazer, e que interessava a todos.

Ao som alto de Remexe Mexe e de outros *hits* do funk, o primeiro momento foi de total experimentação em torno de várias técnicas de estamparia – carimbo, fita, estêncil etc. –, o que ajudou a quebrar o gelo inicial e a entrosar o grupo.

No segundo dia de trabalho, aprendemos com a Gabi a como decompor e recompor roupas pela subtração e adição de partes. Um jogo simples e potente, que subverte funções e formas, com resultados surpreendentes. Uma vez dominada a metodologia, avançamos para a divisão de grupos menores, distribuindo de maneira equilibrada os talentos e intenções, fosse na costura, na criação, no apoio geral ou na curiosidade de quem queria aprender.

Procuramos identificar reflexões e motivações, individuais e dos grupos, que pudessem se traduzir em conceitos por trás das coleções que seriam criadas a seguir. Os três times apresentaram visões complementares e, ao mesmo tempo, específicas no que diz respeito aos resultados estéticos e simbólicos procurados.

Concreto foi o conceito proposto com o objetivo de "acabar com a cegueira de onde nasce o preconceito dos dois lados; aproximar os dois mundos que não se veem – a favela e o asfalto".

Remexe Baú propunha "explorar a liberdade de vestir, inspiração de remexer o existente, reconstruir, dar um novo sentido à roupa afetiva".

Nuspanu propunha "sair do lugar, remexer, sair do comodismo, buscar a inclusão LGBT, das pessoas trans".

A partir dos conceitos propostos e tendo nas mãos todo o material disponível, editado e estampado nos dias anteriores (que incluía, além das roupas de brechó, material cedido pela empresa Vista Eventos), partimos para uma intensa produção de roupas e acessórios de todos os tipos, na qual cada um exerceu sua habilidade e encontrou seu lugar no trabalho de equipe.

O dia final da oficina foi de finalização e registro de toda a produção. Tudo foi planejado ao longo da oficina, e realizado no melhor estilo "pega e faz", tirando o máximo proveito dos planos de cores das salas de aula do Projeto Providência, reunindo modelos que estavam por ali e outros convidados, aproveitando a experiência e criatividade do Dill Diaz, um dos participantes da oficina, na produção para as fotos feitas pelo Mauro Figa.

Em clima de duelo de passinhos, o grupo viu de perto o processo de registro com direito a um show do MC Bobnei Depois dos Trinta e de seu filho Big – um acontecimento não previsto, mas que ajudou a fechar com chave de ouro o trabalho.

A apresentação feita pela Andrea do design gráfico para o logotipo REMEXE, com as possibilidades de aplicação em impressos, *tags*, carimbos etc., nos deu a todos a certeza de que juntos havíamos criado, em poucos dias, uma marca nova e potente, fortemente vinculada a uma realidade local e com uma grande perspectiva de alcance em outros mercados.

O REMEXE continua, tem espaço de produção no Lá da Favelinha e várias coleções já lançadas e vendidas. Esse ano o projeto ganha uma segunda edição, com a participação da Universidade FUMEC, em uma parceria que ajudamos a criar. Me alegra também ver que cada um dos consultores segue com o REMEXE e com a Favelinha, à sua maneira e no seu tempo.

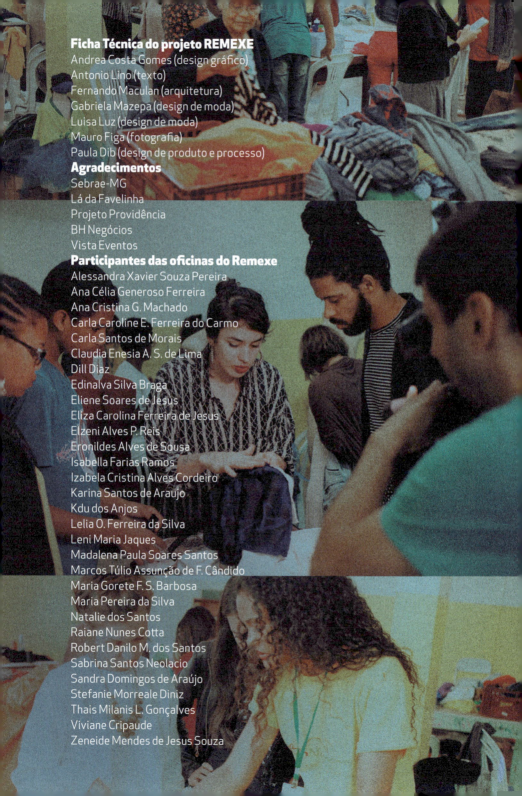

Ficha Técnica do projeto REMEXE
Andrea Costa Gomes (design gráfico)
Antonio Lino (texto)
Fernando Maculan (arquitetura)
Gabriela Mazepa (design de moda)
Luisa Luz (design de moda)
Mauro Figa (fotografia)
Paula Dib (design de produto e processo)

Agradecimentos
Sebrae-MG
Lá da Favelinha
Projeto Providência
BH Negócios
Vista Eventos

Participantes das oficinas do Remexe
Alessandra Xavier Souza Pereira
Ana Célia Generoso Ferreira
Ana Cristina G. Machado
Carla Caroline E. Ferreira do Carmo
Carla Santos de Morais
Claudia Enesia A. S. de Lima
Dill Diaz
Edinalva Silva Braga
Eliene Soares de Jesus
Eliza Carolina Ferreira de Jesus
Elzeni Alves P. Reis
Eronildes Alves de Sousa
Isabella Farias Ramos
Izabela Cristina Alves Cordeiro
Karina Santos de Araujo
Kdu dos Anjos
Lelia O. Ferreira da Silva
Leni Maria Jaques
Madalena Paula Soares Santos
Marcos Túlio Assunção de F. Cândido
Maria Gorete F. S. Barbosa
Maria Pereira da Silva
Natalie dos Santos
Raiane Nunes Cotta
Robert Danilo M. dos Santos
Sabrina Santos Neolacio
Sandra Domingos de Araújo
Stefanie Morreale Diniz
Thais Milanis L. Gonçalves
Viviane Cripaude
Zeneide Mendes de Jesus Souza

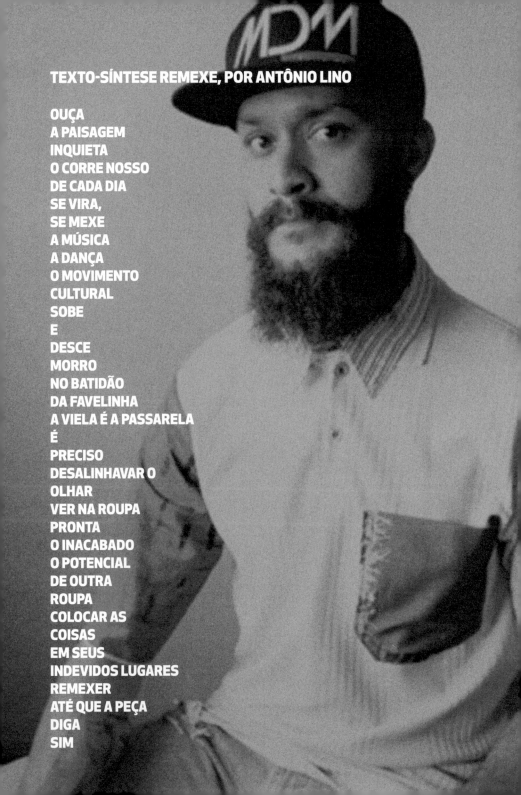

TEXTO-SÍNTESE REMEXE, POR ANTÔNIO LINO

OUÇA
A PAISAGEM
INQUIETA
O CORRE NOSSO
DE CADA DIA
SE VIRA,
SE MEXE
A MÚSICA
A DANÇA
O MOVIMENTO
CULTURAL
SOBE
E
DESCE
MORRO
NO BATIDÃO
DA FAVELINHA
A VIELA É A PASSARELA
É
PRECISO
DESALINHAVAR O
OLHAR
VER NA ROUPA
PRONTA
O INACABADO
O POTENCIAL
DE OUTRA
ROUPA
COLOCAR AS
COISAS
EM SEUS
INDEVIDOS LUGARES
REMEXER
ATÉ QUE A PEÇA
DIGA
SIM

REMEXE
É ROUPA FEITA
DE ROUPA
REMEXE
É O BRECHÓ
TRANSFORMADO EM
ATELIÊ
REMEXE
É O AVESSO DA
INDÚSTRIA:
A MODA VESTE
O MUNDO
COM TONELADAS DE PANO
NO LIXO
TODO DIA
REMEXE
É UMA ÉTICA
MAIS QUE UMA
ETIQUETA

TEM UM RASGO
FUNDO
NA CIDADE
CORTE QUE
SEPARA
GENTE
REMEXE
É A FAVELA
COSENDO
IDEIAS COM
O ASFALTO
REMEXE
É UM MAPA-UTOPIA
DA CIDADE
NOVAS COORDENADAS:
AGORA
AQUI
A PERIFERIA É
O CENTRO

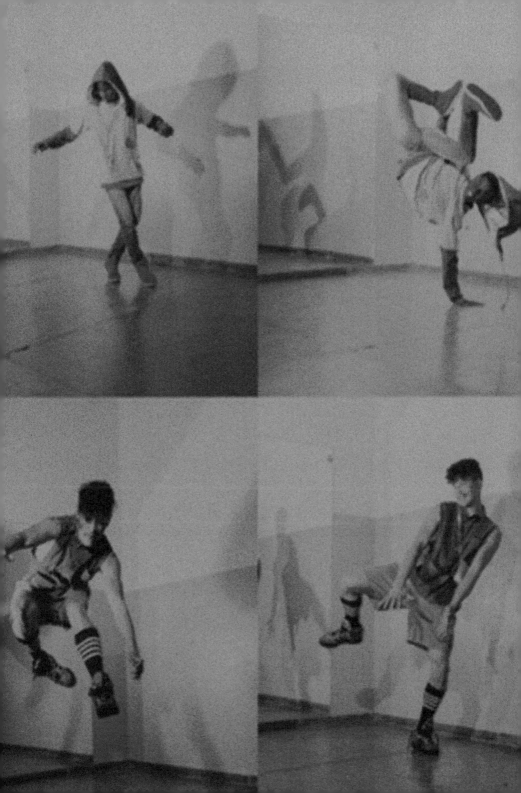

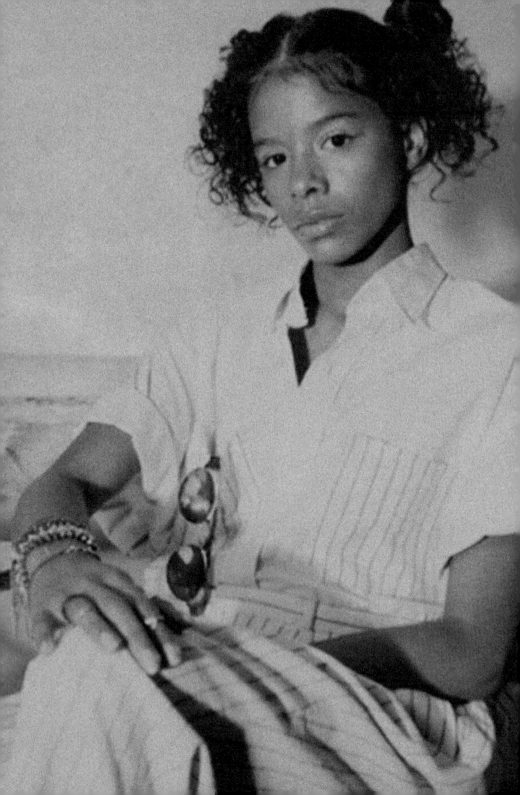

EXPOSIÇÃO LÁ DA FAVELINHA NO MUMO – MUSEU DA MODA

FERNANDO MACULAN

Como parte da programação da 5a edição do evento Noturno nos Museus de Belo Horizonte, o Centro Cultural Lá da Favelinha foi convidado a apresentar suas realizações no campo da moda, com destaque para a produção Formação de Quadrilha, a marca Lá da Favelinha e o projeto REMEXE.

A exposição da Favelinha aconteceu em julho de 2018 no MUMO – Museu da Moda, que foi uma espécie de *hub* do Noturno nos Museus, de onde partiam vans gratuitas com destino a outros centros culturais, centros de referência e museus nas várias regionais da cidade que participavam do evento.

Convidado pelo Lá da Favelinha, elaborei um projeto expográfico para a mostra, que também se estendeu a uma programação de shows e desfiles durante a noite, ocupando três salas de exposição no segundo andar, além do salão principal e do auditório, no terceiro andar. Apesar do rigoroso controle de público, devido às restrições de segurança impostas pela fragilidade do edifício tombado, que pode receber apenas 300 pessoas simultaneamente em todos os seus espaços, a mostra registrou a visitação de aproximadamente 1500 pessoas, público recorde no museu em um único dia, ou, no caso, em uma única noite.

Em uma montagem que contou com o generoso apoio da Vista Eventos, os conteúdos foram apresentados através de dois grandes painéis gráficos, criados pelo designer Gui Jorge, e de vídeos feitos pela própria Favelinha e pelos seus colaboradores.

BARRACO DO KDU

FERNANDO MACULAN

Quando tivemos a ideia de criar o coletivo Levante (que teve o nome dado pelo Kdu e sobre o qual falo mais adiante), eu e as arquitetas Joana Magalhães e Paula Zasnicoff pensávamos em atuar não só no projeto da reforma do Centro Cultural Lá da Favelinha, mas também em outros projetos dentro de comunidades que também tivessem um alcance coletivo, que pudessem beneficiar um número expressivo de pessoas.

Apesar de fugir a esse princípio, o convite do Kdu para pensarmos uma pequena casa para ele no Pomar do Cafezal foi irrecusável, e acabei seguindo com a Joana na elaboração de um projeto para essa pequena casinha, "o meu barraco", como diz carinhosamente o Kdu. Então, percebemos que podíamos trazer para esta construção alguns conceitos que poderiam ser apropriados e reproduzidos em outras casas.

De modo geral, mantivemos toda a lógica construtiva tão conhecida e frequentemente empregada nos mutirões, principalmente no que diz respeito à estrutura e aos fechamentos de tijolos aparentes, e nos preocupamos em observar com cuidado questões referentes ao fluxo das águas de chuva e à sua absorção no terreno; em minimizar a intervenção no solo; em promover conforto ambiental da casa através de ventilação e iluminação naturais e através do controle de temperatura, feito com elementos leves, como o bambu e a vegetação. E, claro, aproveitando ao máximo a vista, que é extraordinária.

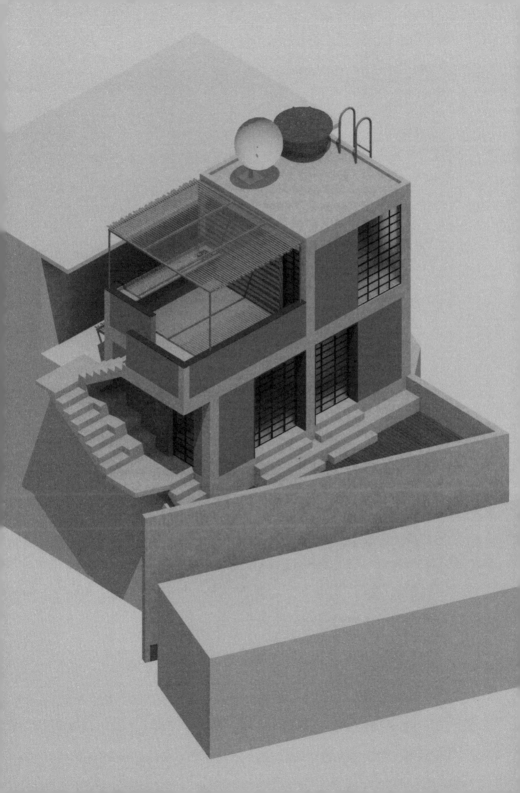

ONDE VOCÊ VAI MORAR EM 2050?

FERNANDO MACULAN

Em setembro de 2017, estive numa conversa muito fértil com Ana Paula Baltazar, Facundo Guerra e Carlos Teixeira, a convite do GUAJA, na CASACOR Minas Gerais, com o propósito de responder a essa pergunta: "onde você vai morar em 2050?".

A mesa fazia parte da série "Arquitetura para não arquitetos" e buscava levar ao público não especializado reflexões sobre "um mundo onde a experiência supera a posse e o consumismo" e "como será a cidade do futuro?".

Ainda sob a forte influência de minha participação no projeto REMEXE, que havia acontecido meses antes, preferi deixar de lado especulações sobre uma cidade futurista, ou idealizada sob os parâmetros mais comuns na parte da cidade que se diz "formal", e levei as perguntas aos moradores da favela, no Aglomerado da Serra.

Minha intenção era compreender quais seriam os aspectos positivos identificados com a vida nas favelas, e o que esses contextos têm a ensinar para o resto da cidade, em vários aspectos. Parti, em resumo, de uma tentativa de inversão da relação de centralidade e periferia, e, a despeito dos problemas já tão conhecidos, me surpreendi com a perspectiva realmente positiva dos relatos, que apontaram valores e princípios ali presentes, como coletividade, cooperação, liberdade, tolerância, transparência, segurança, portas abertas, gestões compartilhadas, mutirões, educação ambiental, reciclagem, valorização de uso das coisas e das casas, respeito ao outro e à diversidade.

PARKLET DA FAVELINHA

FERNANDO MACULAN

O Parklet da Favelinha é um projeto-piloto integrante de um plano mais abrangente de construção desse tipo de mobiliário-espaço-público próximo às escolas públicas municipais de Belo Horizonte, em suas várias regionais. A iniciativa é da Prefeitura Municipal de Belo Horizonte através do Movimento Gentileza e pretende reutilizar, reciclar e dar novo sentido a móveis e materiais dados como inservíveis e guardados nos depósitos da PBH.

O projeto partiu de conceitos definidos pela equipe de arquitetos da prefeitura e dos representantes do Movimento Gentileza, e foi desenvolvido, em seguida, com minha direção de arquitetura junto ao coletivo Micrópolis, que deu o tom dos processos inclusivos do projeto, fazendo com que a comunidade participasse ativamente do processo, materializando desejos e ideias para o mobiliário de uso público.

Entre uma infinidade de objetos, móveis e componentes construtivos encontrados nos depósitos da prefeitura, as escolhas foram orientadas para os itens cuja disponibilidade se mostrava capaz de atender à demanda futura das escolas municipais, que em muito supera a necessidade do Parklet da Favelinha.

Além disso, escolhemos os itens que permitiam a concepção do parklet a partir da ideia de sistema, ou seja, de peças que poderiam se comportar como módulos. Ficaria assim garantida a liberdade para a solução formal e, consequentemente, para o atendimento das necessidades particulares de cada local, sempre a partir do mesmo recurso construtivo.

As peças escolhidas foram carteiras (mesas de estudo, das quais foram aproveitadas as estruturas) e prateleiras (de estantes industriais, normalmente usadas nas bibliotecas). A combinação desses dois elementos é capaz de gerar uma infinidade de formas e soluções arquitetônicas.

Na primeira fase do *workshop* de criação coletiva conduzido pelo Micrópolis com os moradores da comunidade, os participantes puderam entender melhor o potencial de uso público de um mobiliário como o parklet, por meio de uma apresentação de exemplos em várias partes do mundo e em diferentes contextos. A partir daí, anotaram todos os tipos de uso possíveis e desejáveis para esse espaço no contexto da Favelinha, de modo a atender não só aos frequentadores do centro cultural, mas a todos os moradores e visitantes dessa região. Organizados em pequenos grupos, os participantes puderam expressar suas primeiras ideias através de colagens.

PARKLET LÁ DA FAVELINHA
ELEVAÇÃO 03

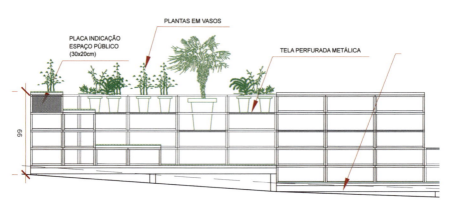

Na segunda etapa, foram apresentados ao mesmo grupo os elementos escolhidos nos depósitos da PBH – carteiras e prateleiras. Através do uso de peças de LEGO com a mesma proporção desses elementos, os participantes foram desafiados a representar, em maquetes, as propostas arquitetônicas que melhor atendessem às conclusões alcançadas na primeira etapa do *workshop*.

O projeto arquitetônico final é resultado dessas diversas contribuições, que indicaram de forma bastante conclusiva o desejo local por ambientes mais verdes, por espaços de permanência e descanso, acesso à internet, pequenas reuniões, apresentações musicais etc. Ficou clara também a importância do parklet como uma ferramenta de articulação do centro cultural com a rua, protegendo a entrada e a saída de crianças do fluxo de carros e motos, ou servindo de palco para os eventos com a rua fechada.

A exemplo do REMEXE, o projeto do *parklet* revisita a ideia do *upcycling*, dando novo significado a carteiras e prateleiras dadas como material perdido depois de anos de uso nas escolas da rede municipal, e que agora poderão retornar à porta dessas mesmas escolas, tendo passado pelo projeto-piloto no Centro Cultural Lá da Favelinha.

LEVANTE FAVELINHA

FERNANDO MACULAN

Quando visitei o Lá da Favelinha pela primeira vez, fiquei encantado com tudo o que acontece por ali, de forma totalmente independente, sem qualquer apoio institucional. Estávamos começando o projeto REMEXE e Kdu me contou a história de seus pais, de como chegaram ali e da coragem que tiveram para construir, no espírito "pega e faz", o imóvel que viria a sediar o centro cultural no terreno trocado, em 1995, por um fusca e uma televisão.

O imóvel tem três níveis, embora na época apenas dois deles estivessem de fato em uso, com o terraço servindo como depósito de materiais diversos, à espera de uma obra que já se insinuava. Percebendo uma ou outra coisa que poderia não dar muito certo ou ficar aquém do potencial da casa, não me contive e pedi para o Kdu esperar um pouco, que eu gostaria de contribuir com a continuidade da obra. Foi assim que surgiu, há pouco mais de um ano, a ideia do Levante Favelinha.

Eu e as arquitetas Joana Magalhães e Paula Zasnicoff articulamos um coletivo com a participação de estudantes de Arquitetura (no início, Julia Passos e Artur Souza, depois Cassio Lopes e Richard Ramos) e vários outros profissionais, como o arquiteto Ricardo Lobato, a *lighting designer* Mariana Novaes, o paisagista Felipe Fontes e o engenheiro calculista Marcello Cláudio Teixeira. Além de todos eles, que têm contribuído com o projeto, tivemos a sorte de poder contar com a colaboração fundamental do engenheiro Jacques Siqueira na viabilização da obra, com a mobilização de fornecedores de materiais e de prestadores de serviço de sua rede de trabalho, que têm se sensibilizado com o projeto e contribuído com doações e trabalhos voluntários.

A ideia é que a obra permita uma reorganização das atividades atuais e a criação de novos usos, ampliando a capacidade do centro cultural de atender aos moradores e visitantes. O andar térreo passa a abrigar uma lojinha, junto com a biblioteca já existente. A relação direta com a rua favorecerá as vendas e o interesse dos moradores em participar, uma vez que a lojinha vai funcionar como uma cooperativa. Com pequenas intervenções não estruturais, o segundo andar terá ambientes mais amplos, iluminados e ventilados para o ateliê de costura e as estações de trabalho. No fundo desse mesmo pavimento serão construídos os banheiros e vestiários.

O terraço será parcialmente coberto com uma telha transparente, na parte dos fundos, permitindo a instalação de uma cozinha experimental. O restante da área será protegido do sol por uma pérgola vegetal, preservando um pé-direito alto para a realização das oficinas, cursos, refeições coletivas e pequenos eventos.

A opção por utilizar a vegetação como forma de controle de incidência solar surgiu em uma conversa com a turma da Favelinha durante o *workshop* de criação coletiva do *parklet*. Desde então, adotamos o paisagismo como um recurso arquitetônico no *parklet*, na fachada e sobre o terraço, criando novo referencial ambiental na favela, onde a absorção e a irradiação de calor pelo asfalto e pelo concreto são enormes.

Além da vegetação, propusemos a criação de uma arquitetura têxtil que contribuísse para o sombreamento da fachada e do terraço, utilizando telas agrárias muito leves e coloridas, normalmente usadas em viveiros de plantas. A cor escolhida para esses elementos foi o rosa (magenta), por ser complementar e contrastante ao verde das trepadeiras. Não é por acaso que estamos vestindo a casa da Favelinha: tudo, afinal, começou com um projeto de moda.

Em setembro de 2018, o centro cultural lançou a campanha de financiamento coletivo para o Levante Favelinha e as obras finalmente começaram. Não tem quem segure (nem nunca teve). **#voafavelinha!**

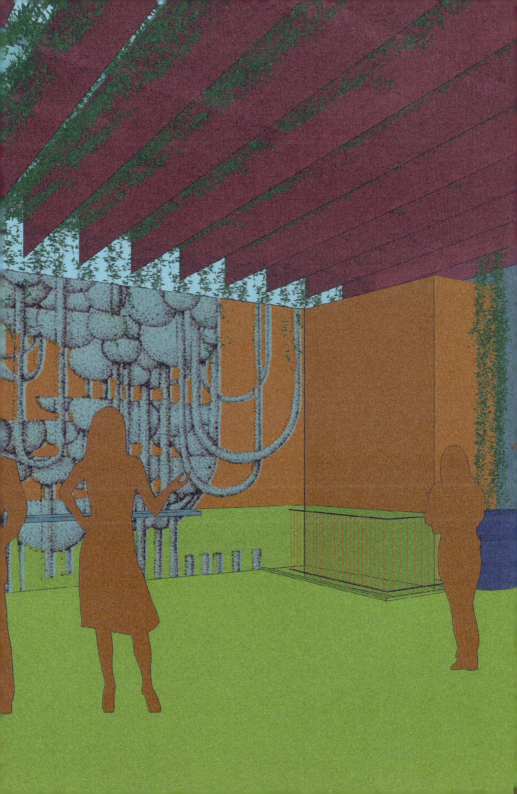

LIVRES

FABÃO

Para falar de um projeto, temos que, antes de tudo, definir suas propostas e conceitos. Mas, no caso do projeto Lá da Favelinha, como defini-lo?

Se disséssemos que sua proposta é trazer de volta a felicidade e a autoestima dos jovens do aglomerado, até que serviria... Porém a Favelinha não é apenas isso! O projeto/centro cultural desperta e revela talentos; cria oportunidades para que crianças, jovens e adultos gerem renda através de atividades que eles nunca tinham imaginado que podiam gerar dinheiro, como desfilar, modelar, atuar, dançar, cantar e até mesmo produzir roupas; traz pautas a serem debatidas pela comunidade. Ou seja, se for para tratar de problemas sérios, a Favelinha também se encaixa.

Sabendo de tudo isso, não dá para dizer que o Centro Cultural Lá da Favelinha é SÓ um centro cultural. Ele é isso e muito mais. É alegria! É diversão! É grana para quem tem pouca! É resistência! É subversão ao modelo social pré-programado!

Aqui somos crianças, jovens, mulheres, homens e idosos livres!!!

LANÇAMENTO DO PRIMEIRO CD DOS MCS DA FAVELINHA NO VAC

JULIANA SILVA

Depois de uma longa fase de amadurecimento e formação sólida de um grupo, os MCS da Favelinha lançam seu primeiro CD. Intitulado "MCS da Favelinha – Volume 1", a coletânea é a primeira de uma série que engloba o trabalho de cantores do Aglomerado da Serra que têm ou já tiveram algum envolvimento com o Lá da Favelinha. São músicas que tratam de temas que vão desde o cotidiano da periferia ao empoderamento feminino e aos sonhos de uma juventude inquieta.

Os MCS da Favelinha são um grupo cultural voltado ao estudo da cultura hip-hop, com foco no elemento vocal, o rap. Fruto da vivência das oficinas de Ritmo e Poesia, originalmente ministradas pelo MC Kdu dos Anjos, foi o início do Centro Cultural Lá da Favelinha. Seus integrantes são artistas da comunidade que encontraram na música um novo caminho.

O disco apresenta poesias diretas, repletas de crítica política, que propõem uma reflexão sobre como cada aspecto da vida pessoal reflete a atual situação do país. Entre os artistas, as idades e experiências variadas revelam uma parceria de gerações em uma busca declarada de possibilidades, melodias e rimas, embasadas em *beats* marcantes que dão um tom a mais no refinamento das referências usadas.

Mesmo com trabalhos diferentes, os MCS Bobnei Depois dos Trinta, Bignei, Fabão, Kdu dos Anjos, Leozinho, Marquim D'Moraes, Mano Betto, Tá Rolando, Teffy Angel e Vini Joe e os grupos Gangster Life, MCS Mirins e Rap Bruto estabelecem um diálogo claro e traçam uma trama musical. O destaque está nas sonoridades que carregam os temas urbanos, trabalho dos produtores Giffoni, Trick Records, Sem Selo e DJ Joseph Carvalho.

O grande pilar do trabalho é mostrar as oportunidades que a música pode oferecer, independentemente da origem de cada um, incentivando a troca de saberes entre MCS mirins e adolescentes, assim como a conexão entre artistas das vilas do Aglomerado da Serra e de outras favelas.

O lançamento deste trabalho aconteceu no dia 27 de janeiro, às 20h, no Teatro Francisco Nunes, na programação do Verão de Arte Contemporânea de 2018.

MIGAS IN PARIS

TEFFY ANGEL

Pra falar de nós tem uma penca de nego drama,
Dizendo não posso isso, aquilo, porque sou uma dama.
Que dialeto fraco, meu Deus, cara, se manca.
Vamos juntar com as negas pra dizer temos a manha!
Pra você, meu recalque, meu segundo nome é Diva
Começo da minha glória é final da sua conquista
Bora botar um *nike* do estilo *sneaker*.
Quem disse que princesa também não pode ser zica?
Colar com elas é lei, meu camarada.
De *black*, batom, um salto do bom, de boa, a gangue tá armada.
Selfie com *flash*, tipo biquinho sexy.
Já pronta pra postar no Insta e também no Snap.
Acho melhor aceitar porque dói menos,
Agora a mulher é guerreira, independente, então eu só lamento.
Tá tipo assim, um pulo até Paris.
Só pra comprar aquela joia que me faz feliz.

E pode PA, Migas in Paris, pode PA
E isso é pouco pro rolê eu quero o mundo e pode crer

E pode PA, sem pensar e com toda certeza.
É noix que tá agindo sempre na sutileza.
Se liga então, não tô aqui pra mostrar moleza.
Com as parça é só força essa minha fortaleza, irmão.
Se eles podem eu também: dignidade!
Vamo de igual pra igual na malandragem.

Não é tirando, neguim.
Nem tô fazendo charminho.
É que a verdade é assim!
Só basta aceitar e fim.
Só fica esperto, o bonde tá completo.
Já disse pra quebrada não mexer com quem tá quieto.
Aqui funciona assim
Se falam não, digo sim!
Pra chegar perto de mim
Tem que ajeitar o colarinho

Mais uma vez, vou repetir, se liga!
Ninguém segura quando a mina é Lá da Favelinha.

Bela, recatada e do lar que hipocrisia.
Meu lema é esbanjar e abusar da ousadia.
Não é tirando, neguim.
Nem tô fazendo charminho.
É que a verdade é assim!
Só basta aceitar e fim.
Só fica esperto, o bonde tá completo.
Já disse pra quebrada não mexer com quem tá quieto.
Aqui funciona assim
Se falam não, digo sim!
Pra chegar perto de mim
Tem que ajeitar o colarinho

Mais uma vez, vou repetir, se liga
Ninguém segura quando a mina é Lá da Favelinha.
E pode PA, Migas in Paris, pode PA.
E isso é pouco pro rolê eu quero o mundo e pode crer.

CONTADOR DE HISTÓRIAS

CYSI DOS ANJOS

Fiquei o resto do dia jogando conversa fora, analisando uns livros e aprendendo algumas brincadeiras.

Lá se foram os dias, o companheiro de tardes também.

Assustei com o grito:

– Fessora, aprendi pro lado esquerdo!

Pausei pra olhar de fora como funciona e se estavam corretos os passos feitos.

Rodeada de livros, famintos por histórias novas, comecei a contar a minha.

Os efeitos eram surreais: a expansão dos movimentos através das vivências.

Peguei gosto pela coisa. Por elas, eu acho, queria criar um método pra atrair mais. Já tinha ganhando confiança.

Passava o tempo e não tinha criado expectativas de ser a dançarina, mas queria dançar com elas.

Até que me peguei lendo histórias através do corpo. São histórias incríveis.

Ah, deixa te contar a de ontem:

Todos de olhos fechados, sentido a *vibe* musical, quando um mano do corre entrou em cena pra contar a sua história. Uns olhares de lágrima, outras bocas abertas.

Corpo fala, grita, pede socorro, expele energias e conta história. É lindão sentar para ver e ouvi-las.

Já dizia seu Adalto:

– Isso aqui vai fazer diferença na vida de muitos.

A gente só não sabia se ele estava falando do lugar ou do "dos Anjos".

De qualquer forma, os dois estão fazendo diferença. O lugar se tornou abrigo de histórias.

E os "dos Anjos", ponte para elas serem contadas.

FAVELINHA FASHION WEEK

THAÍS

Vejo linhas que cortam a cidade,
Que tecem relações,
Que costuram identidades.
É a moda que reconfigura a cidade

Como um sonho que foi construído de passinho em passinho, o Favelinha Fashion Week surgiu de uma brincadeira em um centro cultural do Aglomerado da Serra e em referência ao evento de moda São Paulo Fashion Week. Com a produção de camisas e bonés da marca Lá da Favelinha, as pessoas do centro cultural começaram a pensar em uma forma de divulgar os produtos. E foi aí que veio a ideia de fazer um editorial de moda e um desfile em um beco chamado Passarela, na vila Santana do Cafezal, em janeiro de 2017. Afinal, já tinham as roupas, os modelos, a passarela e uma galera de coração aberto que formou a equipe de produção: designers de moda, estilistas, maquiadores, cabeleireiros, produtores e fotógrafos.

Até aqui, o que se sabia era que tudo tinha um caráter institucional e um objetivo de arrecadar recursos para o centro cultural. Mas a verdade é que esse era apenas o começo de um sonho muito maior. Com o sucesso e a visibilidade da primeira edição do evento, surgiram novas demandas e oportunidades. Com isso, o Favelinha Fashion Week foi ganhando forma e estilo próprios e se estabeleceu como um evento que apresenta uma nova forma de fazer moda, com a proposta de fazer a própria roupa e promover grupos culturais, marcas locais e a sustentabilidade.

Mas, mais do que isso, o Favelinha Fashion Week surgiu da coragem de pessoas que acreditam que podem mudar o mundo e que não se incomodam em quebrar padrões ao usar a arte como porta-voz de suas ideias, críticas e identidades. Foi assim que a diferença começou a acontecer. Primeiro, dentro da própria comunidade: uma vila chamada Novo São Lucas, no Aglomerado da Serra. Depois, esse ato de fazer a diferença cresceu e tomou conta de Belo Horizonte, em um caminho que fez a Favelinha voar até Londres.

Vieram então o segundo editorial e a segunda edição do evento. Dessa vez, a passarela foi no Sesc Palladium, na região central de Belo Horizonte, uma instituição que é referência cultural na cidade. O desfile foi dividido em quatro blocos. No primeiro, os Passistas Mirins tomaram conta da passarela, usando a blusa do grupo com um *look* montado pela parceria com a marca Do Avesso.

Depois foi a vez dos Passistas Dancy desfilarem com a marca Cacete Company. O terceiro bloco trouxe a marca MDM, do artista Marquim D'Morais, para a passarela. E o último bloco apresentou a coleção do Lá da Favelinha.

Mais uma vez, o sucesso foi garantido. O Favelinha Fashion Week também foi até a Feira do Empreendedor, realizada pelo Sebrae Minas, em agosto de 2017, e apresentou a primeira coleção da marca Remexe. Ao se revelar como um caminho para o empreendedorismo social, o Favelinha Fashion Week formou uma rede de *networking* dentro da própria comunidade, de modo que os profissionais envolvidos no evento são moradores da região ou mantêm alguma relação com o centro cultural. Com isso, teve início uma cadeia produtiva e econômica que gerou renda dentro da comunidade, além de promover visibilidade e oportunidades para os artistas do Aglomerado da Serra. O resultado é a ideia de se conectar mais e fortalecer as conexões existentes.

O Favelinha Fashion Week criou um modelo próprio para apresentar sua moda, que é singular dos bastidores à passarela. No camarim a movimentação é sempre intensa: muitas conversas, risos e palinha de passinho. Kdu dos Anjos sempre está com a *checklist* em mãos. A maquiadora, a cabeleireira e as estilistas produzem os modelos a todo vapor, sempre em conjunto, pensando nos conceitos e nas referências de cada coleção. De repente, tudo ganha ainda mais vida: os *looks* são formados e os acessórios completam a produção, os modelos ganham novas cores, mas sua essência e identidade permanecem.

Está tudo pronto e o desfile vai começar. Kdu deixa a função de produtor e assume a de mestre de cerimônias. A interação com o público já é uma marca do evento. O mestre de cerimônias explica o que é o Favelinha Fashion Week e destaca seus principais objetivos. O DJ solta o som e cada modelo é chamado para desfilar. O segredo é simples: é só entrar na passarela, desfilar com seu melhor sorriso, interagir com o público, dar uma palinha de passinho e mostrar todo o seu potencial e talento. No final, sempre acontece uma apresentação geral. Um MC assume a música e os modelos se jogam na dança. O desfile acaba e, mais uma vez, a missão foi cumprida e um sonho realizado.

Como uma verdadeira obra de arte, o Favelinha Fashion Week não se limita à moda e supera a expectativa a cada apresentação artística. É a diversidade expressa através da arte: moda, música, dança e poesia se misturam em harmonia em um só lugar. E a cada passinho, letra de música, movimento do corpo, fala e sorriso, uma nova experiência é descoberta. Nesse movimento, os artistas também se revelam e, mais do que mostrar uma coleção, o desfile apresenta quem são os artistas da comunidade, os autores das obras de arte. O evento oferece muito mais que um desfile: dá a oportunidade de se ter uma vivência única com a Favelinha.

O Favelinha Fashion Week veio para provar que, mais do que estar na moda, a favela *é* a moda e se torna cada vez mais protagonista da sua própria história e da cidade. Um evento que permite que as pessoas falem através da arte e que dá a elas uma licença criativa para incomodarem, revelarem sua identidade, serem livres e serem elas mesmas. É a construção de uma moda que tem as vivências do espaço e do contexto em que é produzida como referências.

O evento cria um movimento dinâmico capaz de transitar por toda a cidade. Dos becos da favela ao Sesc Palladium, à Feira do Empreendedor, às universidades e aos festivais culturais. De Belo Horizonte a São Paulo, ao Rio de Janeiro, a Santa Catarina e a Londres.

É assim que o Favelinha Fashion Week constrói o caminho do Centro Cultural Lá da Favelinha: de passinho em passinho, vai conquistando muitos lugares e deixando sua marca por onde passa.

É assim que o Favelinha Fashion Week concretiza sonhos e permite que as pessoas criem seu próprio lugar.

MOSAICO CULTURAL

Moda que critica moda.
Moda que faz uma nova moda.
Moda que critica moda.
Moda que é plural.
Moda que critica moda.
Moda de pertencimento.
Moda que critica moda.
Moda que reutiliza.
Moda que critica moda.

Como um fio que costura a cidade de um canto a outro, a moda tece interações que formam um verdadeiro mosaico cultural. Agora, a diversidade cultural é a passarela do Favelinha Fashion Week. As diferenças são abraçadas e o evento mostra seus vários rostos em cada artista, roupa e manifestação cultural. São as identidades sendo desconstruídas e (re)construídas em um processo que não tem fim. Criatividade, ressignificação e pluralidade são a jogada certa da vez. O padrão é ser diferente.

É a moda da favela educando o olhar da cidade e de cada um para o diferente e para a sustentabilidade. O lance agora é ser local e produzir uma moda que costure economia, sociedade e meio ambiente. É usar a moda para criticar a própria moda. É ir na contramão da indústria e pegar a visão de uma produção sustentável e diversa, que cria conexões e provoca transformações. É assumir para si a responsabilidade de construir uma nova cultura ao promover a diversidade cultural, que faz da cidade o seu palco central.

A liberdade e a criatividade são os comandantes de um movimento que surge para descosturar estereótipos e preconceitos. A cultura é a voz dos artistas, que usam a arte para falar de maneira ética, crítica e política. Tudo se entrelaça em um movimento que está ali para incomodar e fazer a música questionar, a poesia criticar, a dança refletir e a moda desconstruir. A cidade e as interações se deslocam e abrem espaço para a dinâmica de empoderamento e representatividade. São os artistas do Aglomerado da Serra falando da própria favela e contando sua própria história.

A moda da Favelinha ainda vai além e assume o desafio da responsabilidade ambiental. Uma moda contra o consumismo e o desperdício de recursos. Uma moda que é produzida por outra moda. Uma moda que recicla e reutiliza. Uma moda que (re)inventa a moda.

No caminho da sustentabilidade, a economia criativa é a agulha que costura novas oportunidades. O processo de produção se desenrola em forma de rede dentro da comunidade. Tudo está ali: os recursos, a mão de obra e os consumidores. É a Favelinha Fashion Week gerando renda e fazendo empreendedorismo social.

A moda agora é voltar o olhar para a comunidade e usar seus próprios recursos para desenhar uma moda que fala das vivências locais. A cultura do reaproveitamento vem como conceito principal. A jogada da vez é se tornar estilista da própria história. É subir na passarela e mostrar a sua diferença.

A FAVELA DITA A MODA

A moda que desmistifica a hierarquia.
A estética periférica fala mais alto.
A cidade é (res)significada.
A passarela é o lugar da periferia.

Nada é estático e tudo se adapta. O Favelinha Fashion Week revela a inquietude da cidade, que ganha um novo sentido a cada passinho, com cada coleção e a cada momento. E, nesse movimento, a moda da Favelinha flutua pela cidade, quebra hierarquias, desconstrói padrões e constrói pontes. A cidade é verdadeiramente reconhecida como um espaço público, que se transforma pelas relações tecidas.

Já não existe um centro como referência e a favela é a protagonista da história. Os movimentos culturais periféricos estimulam a criatividade dos artistas e inspiram cada corte, cada costura, cada coleção e cada desfile. O morro e o asfalto conversam e se misturam em um movimento de troca de linguagens, experiências e sentidos. A cidade se reconfigura pela cultura. É a valorização da estética periférica, que dá nova vida e sentidos para o espaço urbano.

Seguindo esse trajeto, o Favelinha Fashion Week transmite suas ideias e valores e constrói um discurso crítico, ético e cidadão através da voz e da expressão de cada artista. As roupas e as manifestações artísticas comunicam um estilo de vida e pensamentos próprios, que transmitem a realidade e sonhos dos artistas do Aglomerado da Serra. É a favela produzindo e ditando a moda.[3]

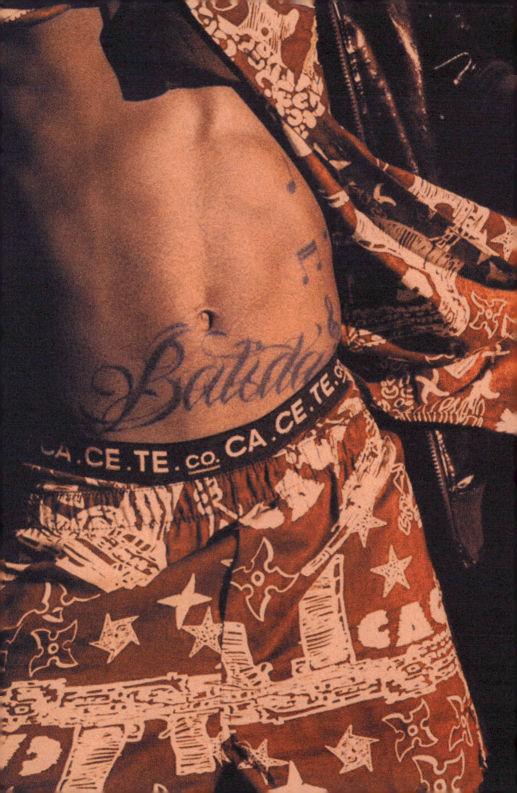

MEU NOME É NEGONA, MAS PODE ME CHAMAR DE RESISTÊNCIA

WELLETON CARLOS BEATO ANDRÉ – NEGONADANCE

Tudo começou em meados de 2016, no Grupo Identidade, do qual faço parte, que realizou a gravação de um vídeo no Centro Cultural Lá da Favelinha. Fiquei triste, pois não pude comparecer.

Mas, logo em seguida, comecei a ouvir os e as jovens da comunidade falarem sobre o centro cultural. No entanto, nesse período, não tinha tempo para ir conhecer, pois vivia em um mundinho muito fechado para as danças afrourbanas. Foi então, em um rolê com as manas, que fomos parar na Rua Sapucaí, onde estava acontecendo o evento Somos Todos Black. Da data não me lembro ao certo, mas foi esse o dia em que tive coragem de entrar em uma Disputa Nervosa.

A Disputa Nervosa é uma batalha de funk em forma de duelo entre dançarinos e dançarinas. Depois de participar e de vencer a disputa, comecei, então, a me interessar mais pelo funk. O que era apenas curtição de festinhas, para mim, começou a ser uma coisa mais séria.

Foi um dia muito impactante, era diferente de outras batalhas de que tinha participado: na Disputa Nervosa os e as concorrentes se abraçavam, eram amigos e amigas e, o melhor de tudo, se respeitavam.

Fiquei encantado, pois queria viver mais daquele momento. Logo, Kdu dos Anjos acreditou no meu potencial e, rapidamente, já criou outro "vulgo" para mim. De Negão, me transformei em Negona.

Aceitar o nome Negona, confesso, foi um pouco difícil, já que eu poderia sofrer ainda mais preconceitos e LGBTfobia dentro da sociedade. Meu novo nome artístico já carregava sobre mim o peso de diversas minorias: negro, pobre, favelado e gay. Mas, agora, mais um título pesava sobre meu corpo e minha alma: funkeiro, funkeira.

No entanto, contrariando toda a sociedade e seus valores excludentes e preconceituosos, a Disputa Nervosa despertou em mim não um sentimento de inferioridade, mas, sim, algo avassalador: PODER. Assim, passei a enxergar o que tinha ao meu redor, no meu território, na minha favela.

A partir de então, conheci o projeto melhor, me inseri ainda mais nele, e saí da caixinha e das danças clássicas europeias, passando a viver algo muito mais intenso e mais próximo da minha própria realidade.

O Lá da Favelinha teve e tem um papel muito importante na minha carreira, na minha vida, na formação da minha autoestima. Me proporciona mais estímulo no que eu já fazia.

A dança diz muito sobre QUEM eu sou. Mas o funk, em especial, conta minha história, descreve meu caráter, fala de onde eu venho, me deu a liberdade de ser quem e como eu quiser ser.

Com um tempo de convivência, nasceu também o Favelinha Dance, uma cooperativa de dança funk com dançarinos e dançarinas crias da favela, que dançam e estudam o funk.

O Favelinha Dance mudou a vida de vários dançarinos e de várias dançarinas, e eu sou um deles! Nos proporcionou renda, a possibilidade de subir em diversos palcos, com grandes artistas, tal como Linn da Quebrada, Mc Karol Conka, entre vários outros e várias outras. Além disso, possibilita que a gente participe, como atração principal, de diversos festivais e eventos, dos quais somos normalmente excluídos e excluídas por causa da segregação racial-econômica que insiste em dividir a sociedade.

Tudo o que aprendi – e aprendo – com o centro cultural trago, todos os dias, para dentro da universidade e assisto a casa grande pirar quando a senzala entra pelos portões da frente.

Hoje, sou graduando em Dança pela UFMG, sou diretor artístico, dançarino, coreógrafo de diversos estilos e produtor de eventos dentro da comunidade. Protagonista da minha história.

É o favelado, é a favelada dominando o palco, criando conteúdo artístico-cultural, transmitindo uma outra visão da cultura periférica.

O Lá da Favelinha virou um pilar em minha vida. Passei por altos e baixos e eles e elas estavam sempre ali, jutos, REXistindo, insistindo e AFROntando. Nem sei falar sobre sonhos, pois já foram tantos realizados. O que falta, talvez, é conhecer o resto do mundo e levar às pessoas a linda cultura do meu território. Depois desses diversos aprendizados, sou quem sou, meu nome não é mais Welleton ou Negona. Me chamo RExistência.

E, hoje, eu afirmo que:
Preto PODE!
Pobre PODE!
Favelado PODE!
Gay PODE!
Funkeiro PODE!
Porque sou a prova viva de tudo isso.
Nenhum direito a menos e todo poder às favelas!

VIDA

MARQUIM D'MORAIS

A estrada, o céu, o chão – e o pensamento na cabeça.
O cinza da poluição se mistura com a natureza.
Atrás de morro tem morro, e eu vejo morro já faz uma rapa.
O cheiro é de café moído, cana na moenda pra fazer garapa
Vejo um cavalo num galope e não era à beira-mar.
Estava no leito de mais um rio que acabou de secar
Do céu, nem chuva cai e eu vou remando contra a maré.
A minha motivação é a minha fé, o meu axé.
Eu aprendi assim, dá a volta por cima, sacode a poeira.
E sei, que a vida ensina e não pode marcar bobeira.
Às vezes a ruína é boa maneira de recomeçar e ver
Que a vida é assim, existe beleza em tudo o que há.

E da alma é tudo que eu faço.
A luta, a música, na vida cada passo.
Do espírito lutador as cicatrizes são medalhas.
De um nobre guerreiro que teve medo, mas não fugiu da batalha.

VIDA – bem-vinda a essa vinda à vida.
Com hora marcada que se chega, mas sem aviso vem partida.
Não amolece o caldo, porque tem que ser assim?
Cada alma que aqui chega muda esse mundo de mansim.
Em cada som que está perdido no silêncio.
Na turbulência do dia a dia eu aprimoro o pensamento.
O pensamento vai criando e eu subindo a ladeira.
O mundo de cabeça pra baixo e eu plantando bananeira.
Na ginga de corpo, samba no pé, de onde eu vim é assim que se é.
Pra vencer a lida sem vida bandida tem que tá ligado no som
da batida.

A batida do galo, do pancadão, entre guerra e paz, razão, coração.
A regra do jogo, que não vem da Globo, também aprisiona o nosso povo.
Que vive em meio ao caos, na construção deste sistema.
A informação eles te dão, não te acrescenta, te aliena.
Eu sou um guerreiro de paz, vindo do alto do morro.
Tô aqui pra avisar, não é pra pedir socorro.
Porque no alto do morro tem batuque, tem axé.
Tem igreja evangélica, mas também tem candomblé.
Um centro cultural, Lá da Favelinha.
Tem capoeira no Cafezal e na Vila Fazendinha.
Danças urbanas misturadas com balé.
Misturar é a história, se não mistura não dá pé.
Minha mãe sempre me disse pra eu andar na disciplina.
Porque o certo não faz curva e viver é uma sina.

PASSOS DADOS

LIZA VASCONCELOS SIMÕES

Passos dados, largos. Passa a vida.

Aqui e agora.

Chega a ser engraçado, para mim, parar para pensar nos entornos das voltas que o mundo dá enquanto estamos por aqui, na Terra. Aquela antiga perspectiva dos círculos que se formam através de pontos equidistantes entre si até um mesmo ponto fixo. Estático. Centro. Eixo.

Essência. Gira, circula e rodopia todas as estruturas. Confesso que, pelo menos com a minha, o Lá da Favelinha mexeu muito. Poderia ficar dias aqui escrevendo tudo que vi, tudo que vejo e tudo que ainda consigo ver num futuro nem tão distante assim. O cômico mesmo é que o fluxo dessas visões, na minha cabeça, sempre acaba em visões circulares e infinitas. É de fato infinito o efeito que repercute o feito que é feito Lá na Favelinha. Relação florescida e eminente entre passado, presente e futuro e todo chão que existe debaixo dos nossos pés.

Ocupar e criar. Compartilho da opinião de que construímos nossa realidade. Construímos os tempos e, consequentemente, fazemos história. E o Lá Da Favelinha é história. Faz história e continua abalando os planos do universo. É construção e é mudança. É evolução. Inclusão, justiça. Agradecer pela existência desse centro aqui é essencial. Enxergar isto de perto preenche qualquer coração. O meu transborda em falar de Lá. Letra maiúscula, porque pra mim virou quase que uma entidade. Tudo que venho aprendendo desde então são ensinamentos e perspectivas que levarei para o resto de minha vida, e tentarei perpetuá-las e repassá-las para que sejam infinitas, resistentes ao passar do tempo por todas as gerações. Porque não pertencem a uma época, não se limitam a um padrão e não se generalizam em essência. Sentimento inigualável e extremamente potente. Capaz de transformar. Vocês já pararam para pensar o quão difícil é criar algo que seja capaz de transmutar o curso da realidade? Das tendências e das estatísticas? Ir contra os dados não é tarefa fácil. Requer luta, requer comprometimento e, acima de tudo, muito amor, força de vontade e competência. Kdu dos Anjos é um cara que conheci em cima do palco do Palácio das Artes e que me inspirou profundamente. Em cerca de três minutos de conversa, ficou tudo iluminado, claro, dourado, meio colorido e muito reluzente.

Pessoa de luz. Só não vemos as asas porque a mente humana se restringe ao mundo físico e material. Mas elas estão lá, atreladas às suas costas, cada vez maiores e mais fortes, trabalhando arduamente para que pequenas asinhas comecem a brotar nos anjinhos e anjinhas que estão hoje Lá na Favelinha. Para que as oportunidades cheguem até eles também, porque eles são vida, são futuro e são luta. Trabalho impecável, digno de Prêmio Nobel, eu diria. Digno de reconhecimento de crença de fé. Como disse, vai além do que a racionalidade reconhece. Vai além dos cálculos de exatas ou das teorias políticas de esquerda, direita, baixa, alta. É humano. Somos todos humanos e precisamos nos conectar ao cerne que nos envolve. O Centro Cultural Lá da Favelinha inspira. Em tempos como estes, falar em bênçãos é difícil, porém ele é benção. E o mais bonito é que é extremamente capaz de ressignificar um mundo estratificado, que caminha a passos pesados, num mundo unido, que caminha a passos largos e poderosos. Sou grata a todos Lá Da Favelinha.

LUGAR ESTRANHO

BELLA

Já chegaram num lugar estranho e sentiram um turbilhão de energias livres, cuja perspectiva você desconheça, mas que é totalmente suportável?

Impressão, percepção, cativação.

Ser quem você quer ser. Pra uns, é só caso de rebeldia. Mas ser quem você é e deixar os outros serem quem são é a forma de amor mais libertadora. É fato que lugares assim existem. Quer exemplo?

> Eu nunca fui em um centro cultural.
> Minha mãe dizia que era má ideia e tal
> Até que um dia eu fui e... tchau.

Cheguei lá e lá e vi uns meninos estranhos fazendo rima em cima de um *beat*, um grupo de pessoas dançando passinho, as crianças rindo e sendo incentivadas a ler livros, tendo aulas de comunicação e troca de saberes. Todo mundo cheio de esperança e mostrando um mundo melhor, em uma localização onde existe preconceito, racismo, tabu e desigualdade.

> Sempre tem a luz no fim do túnel na escuridão.
> O Lá da Favelinha é a luz pro coração
> Das pessoas que vivem nessa dimensão.

O mais doido é que eu nem precisei ir tão longe, como Paris ou Londres, pra encontrar o Lá da Favelinha e abrir espaço na minha mente pra tanta coisa boa.

E, antes que diga do desconhecido, eu te chamo para conhecer o desconhecido. E vai ver que muito do que escrevi é sucinto para o turbilhão de coisas que sinto.

Lá da Favelinha, escrito no diminutivo, mas que de diminutivo não tem nada. O Lá da Favelinha é mais que nome e local, é sem igual.

FIKA RYCA FAVELINHA

MARCIA VALERIA

A iniciativa Fica Ryca Favelinha nasceu do desejo de promover o desenvolvimento dos empreendedores formais e informais instalados no entorno do projeto Lá da Favelinha.

Foi estruturada pelo Kdu e pelo Sebrae pensando na implementação de ações de empreendedorismo, criatividade e geração de novos negócios, por meio da formação de redes e identificação de oportunidades e necessidades reais do mercado local, contribuindo para a transformação da realidade e do empoderamento da comunidade.

As ações foram promovidas para empreendedores e jovens engajados na valorização da comunidade por meio da potencialização das habilidades de cada um, transformando-as em negócios em potencial.

FIKA RYCA
FAVELINHA

LAMBUZA FAVELINHA UMA HISTÓRIA PARA SER DEGUSTADA COMO DOCES EM PEDAÇOS

CONCEIÇÃO R. DOS ANJOS (PARTICIPAÇÃO DE CAROL DOS ANJOS)

É comum em nossa cultura a afirmação de que o alimento é sagrado e de que é na cozinha (à la Minas) que a vida da casa acontece. Para mim, cozinhar é um ato de amor. Cozer pensando nas carinhas sorridentes enquanto degustam aquilo que minhas mãos produziram é de valor imensurável. Seja para o dia a dia ou para uma festa. Ah, alimentos para festa são uma magia peculiar da arte de cozinhar, porque são alimentos que se comem com pessoas que se convidam por muito gostar para celebrar. Com a falta de dinheiro e a criatividade (não se sabe quem vem primeiro no jeitinho brasileiro), fazia doces e bolos para o aniversário dos meus filhos. Todos incentivavam a fazer para vender. Certo dia, minha filha mais velha, Ana Carolina, falou: "Mãe, por que a senhora não faz doces para eu vender? Assim, compramos os tijolos para construir nossa casa". À época tínhamos acabado de comprar a casa que, hoje, é uma extensão do Centro Cultural Lá da Favelinha. Gostei da ideia da minha Carol, mas fiquei apreensiva. Fiz os doces e ela foi, no contraturno da escola, após fazer o dever de casa, e voltou em menos de uma hora, sorrindo e afirmando: "Mãe, amanhã pode fazer mais". No primeiro dia ela levou uma sacola com uma vasilha com uns trinta doces, brigadeiros e beijinhos de coco. No segundo, foram duas vasilhas. No final daquela semana, convencida por minha filha, compramos uma cestinha de palha. Então, ela saía todos os dias à tarde com uma cestinha e vários doces e bandejinhas. As pessoas começaram a perguntar se eu não faria encomendas.

Aceitei o desafio, fiz alguns cursos e assim nasceu a Doce Doçura. Em 1997, mudamos para nossa casa na Favelinha. Era uma casa muito simples, ainda no contrapiso, com paredes apenas rebocadas. Só o banheiro estava relativamente pronto. Nessa época tínhamos uma lanchonete na Avenida Mem de Sá, onde todos nós (eu, meu esposo e filhos) trabalhávamos. Eu continuava fazendo as encomendas de doces, bombons e tortas.

Já nos anos 2000, Ana Carolina estava no ensino médio e decidiu que ia estudar para o vestibular. Assim, junto com suas outras atividades, ajudava no restaurante que abrimos aqui mesmo, ao lado de onde hoje é o centro cultural, e seguia entregando doces, agora na Vila Cafezal. Deixou de ser diariamente, nas quartas e sábados saía com os potes de doces para vender em comércios e mercearias que os revendiam. Continuei fazendo encomendas e a Doce Doçura foi o durante muitos anos a fonte de renda complementar da receita da família. Meu filho Pedro Henrique, hoje missionário e pai de duas filhas, era um excelente ajudante, se aprimorou tanto que fez cursos e sabe fazer diversos tipos de bolos (foi ele, inclusive, que fez seu bolo de casamento).

Mas, como criamos os filhos para o mundo, aos 19 anos, em 2005 e 2006, Ana Carolina e Pedro Henrique saíram de casa, foram estudar fora, cada um com um destino diferente. Ana Carolina fez Biologia, depois Jornalismo, fez mestrado, deu aula na universidade e hoje está fazendo doutorado. Pedro Henrique fez curso de missionário na JOCUM (Jovens com uma Missão), se casou, se formou em Educação Física e hoje está trabalhando com crianças. Em Belo Horizonte ficaram a Rose (minha filha de coração mais velha), Carlos Eduardo (Kdu) e a Alcione Cristina (Cysi). Kdu cada vez mais se envolvia com os movimentos de cultura da cidade, trazia seus amigos aqui e muitos se tornaram clientes da Doce Doçura.

Em 2008, o Kdu começou a dar uma oficina de MCs. Da oficina até o centro cultural vocês já conhecem a história, pelo menos uma versão diferente para cada olhar aqui nesse livro, mas foi só em 2016, quando pensávamos muitas coisas novas para o centro cultural, que resolvi me envolver mais ainda. Nasce o Lambuza Favelinha, depois de muitos nomes e opiniões. Eu queria algo que realmente fosse mais a cara aqui da Favelinha e ficou. Acho que parece muito, tem a mesma filosofia e, claro, faz parte da história da nossa família, uma família que se alarga a cada pessoa que entra no Centro Cultural, que se voluntaria, que vive as oficinas, as festas, que come e celebra. Esperamos que ainda se Lambuze muito.

DISPUTA NERVOSA

MC KDU DA FAVELINHA
DJ SEDUTY (RJ)

A Disputa é o quê?
NERVOSA

Só os pretinho chavoso
E as pretinha charmosa
A Disputa é o quê?
NERVOSA!!!

Rabiscando o Sabará
Dando palinha gostosa
A Disputa é o quê?
NERVOSA!!!

É no ritmo acelerado
Que as perninha entorna.
Os vilão da internet
Vêm dos beco das maloca.
É o encontro das favela
E a sociedade choca.
Só pra ver quem é o melhor
O mais nervoso ou a mais nervosa.

A Disputa é o quê?
NERVOSA!!!

DISPUTA NERVOSA

ANA PI

A DISPUTA É O QUÊ?

N E R V O S A

Falar sobre a Disputa Nervosa é, principalmente, refletir sobre o direito à cidade, também é exigir a liberdade dos corpos múltiplos da dança. Evento incontornável da cultura funk belorizontina, a Disputa Nervosa promove renda para as comunidades de favela através da cultura e valoriza a produção artística da nossa juventude periférica.

Esta manifestação itinerante, iniciada no Lá da Favelinha, hoje inventa ações educacionais poderosas de combate a todo tipo de violência e de opressão, conecta mundos através de uma tecnologia subterrânea que vibra ao som das batidas do funk e do coração.

É no ritmo acelerado
Que as perninha entorna
Os vilão da internet
Vêm dos beco das maloca.
É o encontro das favela
E a sociedade choca.
Só pra ver quem é o melhor
O mais nervoso ou a mais nervosa.

Kdu dos Anjos, autor da letra "Disputa Nervosa", figura carismática do Aglomerado da Serra, o My Brother, nos falou, no ano de 2015, de um sonho:

Um dia acontecerá uma disputa, que vai se chamar Disputa Nervosa. E ela vai abalar as estruturas. Ela vai acontecer debaixo do Viaduto Santa Tereza, lugar emblemático das culturas urbanas periféricas de Belo Horizonte, e a cidade inteira vai tremer.

Hoje, agradecemos ao My Brother por essa profecia tão assertiva e comemoramos mais de 60 edições desse encontro tão importante na agenda nacional da cultura funk no Brasil.

A Disputa Nervosa nasceu no mês de outubro daquele mesmo ano, 2015, em frente à sede do Centro Cultural Lá da Favelinha. Nessa primeira edição o seu nome ainda era Batalha de Passinhos. O evento reuniu, de forma surpreendente, mais de 20 dançarinas e dançarinos das mais diferentes categorias das danças de funk: Passinho Foda Carioca, Passinho do Romano e Montagem. As danças de funk, que, até então, pareciam ser praticadas apenas no Aglomerado da Serra e no seu tradicional baile de sábado, encontram adeptas e adeptos nas mais diferentes comunidades de favela de Belo Horizonte.

Quando nos lembramos dessa primeira edição, entendemos, imediatamente, o poder da dança na implosão das fronteiras invisíveis da cidade. Literalmente dispostos a atravessá-la, esses jovens artistas representam o intercâmbio cultural entre diferentes polos de produção em funk, entre diferentes comunidades, além do respeitado Aglomerado da Serra.

A diversidade de territórios nos faz constatar, logo de início, o potencial revolucionário do que viria a ser, no ano seguinte, a Disputa Nervosa. Nessa primeira noite de muitas, Johnathan Dancy, artista e educador, foi o grande vitorioso. Seu trabalho é logo reconhecido como uma das referências para as e os demais jovens participantes da batalha.

Em 2016, esse encontro se torna uma rede ainda maior de produção artística, profissional e educacional. Estamos agora na sede do inovador teatro espanca!, importante parceiro do Centro Cultural Lá da Favelinha. Estamos pela primeira vez no Centro da cidade de Belo Horizonte. Nesse ano, a Disputa Nervosa é convocada a integrar a programação regular do teatro espanca!. De lá até aqui, foram realizadas mais quatro edições do evento.

Voltamos, então, à profecia do My Brother, pois estamos nas imediações do Viaduto Santa Tereza, na efervescência cultural que esse lugar representa. O público leigo tem, assim, a oportunidade de aprender sobre as danças de funk, e os e as especialistas têm a possibilidade de projetar novos desejos para tais danças. Nessas edições no teatro espanca!, somos cúmplices de momentos sublimes da dança, em que podemos conhecer melhor a vasta cena funk da capital mineira.

#JohnathanDancy #Aninha #JennyDancy #Fonseca #VictorGuilhermeDancy #DuduDoCaiçara #Negona #BlackTiger #ChristopherCR #WillianAraújo #PeehMendes #Duda #Soraia #JoãoPedro

São algumas das dançarinas e alguns dos dançarinos que movimentam a cena com frequência, e que temos, graças à Disputa Nervosa, a honra de prestigiar no ápice da adrenalina e da inventividade que uma competição exige, tanto desses artistas da dança quanto da equipe de jurados e do público, que também participa da escolha das campeãs e campeões das três principais categorias: Montagem, Passinho do Romano e Passinho Carioca, também chamado de Passinho Foda.

O Passinho Carioca é a dança mais popular da cultura funk. Nasceu no início dos anos 2000 em diversas comunidades de favela na cidade do Rio de Janeiro, inspirada nos gestos do Baile Charme e do frevo e em outras danças brasileiras e internacionais, como a Soul Train. A partir de 2008 ela se torna um grande fenômeno da cultura nacional.

Através de alguns vídeos que circularam na plataforma YouTube (na época, ainda recente), jovens de todo o Brasil passaram a se conectar através da produção de conteúdo e uma imensa quantidade de passos foi criada e/ou revisitada. Esses vídeos somam uma quantidade de visualizações tão grande que até a grande mídia e as grandes instituições formais de cultura passam a se interessar pelo que é produzido por esses *bondes*, nome dado aos grupos de dançarinas e dançarinos na cultura funk.

Uma vez que o Passinho Carioca ou Passinho Foda se espalha pelas telas de computadores e celulares e, em seguida, pelos diferentes programas de TV, observamos também a criação das primeiras *batalhas*. Nessa ocasião a juventude funkeira, primeiramente a carioca e, em seguida, a de outras capitais brasileiras, passa a vislumbrar novas perspectivas profissionais para além da festa e dos vídeos para a internet. A cada batalha a economia local é movimentada, artistas jovens alcançam reconhecimento, o direito ao lazer é garantido. O Lá da Favelinha entendeu esse potencial criativo desde o início ao apostar na invenção da Disputa Nervosa.

Montagem e Passinho do Romano são outras danças da cultura funk que não podemos deixar de ressaltar. Ambas emergem com esses nomes a partir de 2012, porém é importante lembrar que todas essas danças contemporâneas são a atualização de danças ancestrais, da diáspora negra e de África, principalmente, para não nos iludirmos com uma determinada ideia de efemeridade.

Os frenéticos e precisos movimentos pélvicos da Montagem nos levam à reflexão sobre questões de gênero na dança. Meninos e meninas, ao rebolarem a bunda com tanta sabedoria através dos seus quadradinhos, nos falam sobre a desmitificação da noção binária de corpo, levantam a bandeira de que todo corpo pode se expressar livremente, independentemente de sua orientação sexual.

Já o Passinho do Romano, uma dança aérea, nos leva a ouvir a multiplicidade rítmica da música funk e nos lembra os movimentos jamaicanos da cultura *ska*. O Romano também se destaca por uma grande abertura ao humor, é uma dança que também acontece no rosto de quem a dança.

Em 2017, o Lá da Favelinha entendeu que essas danças continham, para além do aspecto festivo e terapêutico, uma grande potência educativa. Através das danças da cultura funk podemos falar da história do país, podemos falar de produção musical, podemos discutir sobre sexualidade, podemos questionar a globalização, podemos denunciar a violência, entre outros inúmeros assuntos contemporâneos.

Nesse momento, uma equipe foi formada para trabalhar diretamente nesta atividade: uma caravana da Disputa Nervosa pelas escolas da Rede Municipal de Educação de Belo Horizonte, em parceria com a prefeitura. Black Tiger, Fonseca, Teffy Angel, Christopher CR, Kdu dos Anjos são os artistas e educadores que conduziram a caravana em muitas escolas. Nessas versões direcionadas à educação, a Disputa Nervosa contou também com temas específicos, como a produção dos escritores Guimarães Rosa e Carlos Drummond de Andrade, experimentando, assim, de modo lúdico, a capacidade de entender ainda mais a dança como meio de comunicação, de linguagem.

A Disputa Nervosa, que hoje completa seus três anos de existência, nos ensina muito sobre dança, mas nos ensina ainda mais sobre empreendedorismo criativo, sobre ludicidade, sobre respeito e tolerância, além de ser uma atividade educacional pioneira.

Hoje, esse encontro coreográfico se faz presente e atravessa Belo Horizonte e sua vasta região metropolitana. Mais do que ocupar, esse encontro artístico-cultural discute e propõe novos modos de viver a cidade.

A consistência de sua história recente nos faz concluir que a Disputa Nervosa é uma grande e generosa porta de entrada para a dança. Hoje, na comemoração de três anos de atividades, podemos perceber que a Disputa Nervosa, além de ser, em si, um evento cultural extraordinário, também é um terreno fértil que tem a capacidade de, em tão pouco tempo, se desdobrar em muitas outras iniciativas, sendo tanto uma referência para eventos, como o 1º Encontro de Passistas, quanto um território para o encontro entre profissionais e para a formação de grupos, como o exemplar Passistas Dancy.

Hoje, no ritmo dos *150bpm*, desejamos vida longa a esse projeto feito de tanta dedicação e competência para com a linguagem artística da Dança.

CARLIM

PDR VALENTIM

Carlos Eduardo Costa dos Anjos. Kdu dos Anjos. Kdu. Carlin. Filho de Conceição e Vanderlei (Çãozinha e Vaguinin pra quem é de casa). Irmão de Pedro, Carol e Alcione. Filho da quebrada. Sobrevivente do Terceiro Mundo. Mestre de cerimônias. Integrante da geração de ouro do Duelo de MCs. Contemporâneo de Douglas Din, Vinição, FBC, Pedro Vuks, Destro, Nil Rec, Simpson Souza... Quem tava lá?

Poeta. Desbravador de saraus. Inquieto. Um vira-lata. Arte-educador. Educador. Professor. Fica vivo, rapaz! Nossa vingança é ficar vivo. Ator. Compositor. Produtor. Agitador. Escritor. Roteirista. Manipulador de bonecos (salve, Giramundo!). Muitos substantivos. Quantas ocupações. Viva as ocupações! Menino bom. Linha de frente. A cidade agradece. Cidadão do mundo. O mundo inteiro vai ouvir falar. Lá da Favelinha! Vinte e oito anos contrariando as estatísticas. Referência pra geral. Beto. Jonzin. Kelvin. Aninha. Duda. Leozin. Bobnei, Bignei. Fonseca. Negona. Jonatan... Ufa! Dessas pessoas que dominam a palavra. Que têm o dom de juntar pessoas e produzir vida. Pra igreja, talvez um missionário. Pra rua, um revolucionário. Meu amigo.

MEU NOME É CAUÃ

CAUÃ

Meu nome é Cauã, eu cheguei na Favelinha na terceira quadrilha e desde então estou fazendo parte do centro cultural. Aqui eu consegui várias coisas, uma delas foi entrar para os Passistas Mirins. No começo, entrei pensando em mostrar minha essência na dança, mas eu conheci uma pessoa que mostrou que eu danço para mim, não para os outros. Percebi também que eu tinha talento para várias coisas, como ser modelo. Minha primeira vez sendo modelo também foi na Favelinha, em um lugar chamado Sebrae. Dessa vez até apareci no Jornal Hoje Em Dia. A Favelinha tem vários eventos culturais, nos quais conheci várias pessoas representantes da cultura da favela. Hoje em dia percebi que não precisamos nos achar melhores nem piores que ninguém. Depois de muito tempo, entrou na minha cabeça que eu sou fruto da Favelinha, sou fruto da cultura de favela.

PROJETO SOFIA CIÊNCIA E TROCA DE SABERES COM O CENTRO CULTURAL LÁ DA FAVELINHA

CLÁUDIA GOMES FRANÇA

Relacionar ciência e comunidades, popularizar a ciência além da sala de aula e das fronteiras da academia, abrir as portas do Centro Federal de Educação Tecnológica de Minas Gerais e dialogar com a sociedade: esse foi o desafio do Projeto SofiA!

Mas o que é o Projeto SoFiA? Foram dois anos de atividades intensas, que receberam três títulos ao longo do percurso: o inicial, "O CEFET-MG, do Cabana do Pai Tomás ao Aglomerado da Serra: conexões entre ciência, tecnologia e educação", aprovado pelo Edital de Popularização da Ciência 07/2015 da Fundação de Amparo à Pesquisa do Estado de Minas Gerais – FAPEMIG; a abreviatura das áreas do conhecimento que deram origem ao SoFiA – Sociologia, Filosofia e Arte; e Troca de Saberes, nome dado pela Favelinha.

Os encontros semanais na Coordenação de Artes com professores do CEFET-MG, oficineiros do Centro Cultural Lá da Favelinha e educadores do Grupo de Apoio à Criança e ao Adolescente do Bairro Cabana levaram à compreensão de que era preciso ir aonde o povo está!

E assim foi! E assim será!

Daí em diante, as quartas-feiras à noite jamais foram as mesmas.

A equipe era composta pelos alunos de ensino médio técnico e de graduação do CEFET-MG. No caminho, cochilos e conversas se misturavam com expectativas para a oficina que tinha sido cuidadosamente preparada para aquele dia.

Em frente ao Centro Cultural, um grupo de crianças nos aguardava com tanta alegria que nos contagiava antes mesmo de sairmos do carro.

O que vamos fazer hoje? Posso ajudar? Eu carrego o material!!

Semana após semana, fomos nos entendendo, nos conhecendo e percebendo que podíamos ir além do que esperávamos. Se popularizar ciência era nosso desafio inicial, agora já tinha passado para segundo plano. Precisávamos nos reinventar, afinal, estávamos lidando com as criaturas mais carinhosas, criativas e cheias de energia que minha trajetória de educadora jamais tinha encontrado.

Foi preciso planejar, reconfigurar, desconstruir caminhos já percorridos e traçar novas rotas. Reconfigurar, sempre!

Os objetivos por si sós se mostravam na nossa cara – criar práticas distintas dos espaços escolares, falar sobre ciência de forma a aguçar curiosidades, horizontalizar, agregar saberes. E lá fomos nós...

Promover a construção do conhecimento de maneira a instigar a participação de todos, a criar expectativas, a estabelecer laços de afeto e curiosidade. Semana após semana seguimos nosso propósito, de forma aberta, acolhedora, criativa, levados pelo instinto de estar fazendo algo bom, algo que fazia sentido.

Os conteúdos foram muitos – cadeia alimentar, teia alimentar, sistemas do corpo humano, sistema solar, dengue, epidemias, meio ambiente, microbiologia, hortas, materiais, alimentação, lixo, cidades.

A sala de aula se transformou – virou Museu de Morfologia, Museu de História Natural, Exposição Sentidos do Nascer, Laboratório de Microbiologia, Laboratório de Fundição, Laboratório de Física.

O céu ficou mais perto – com observações astronômicas, telescópios, constelações.

A dengue virou pauta do dia – trabalhamos a argumentação.

O lixo não foi descartado – fizemos mutirão.

A comunidade se ampliou, porque a cidade é de todos!

A Arte trouxe a liberdade de expressão!

O rap virou nossa canção!

Ao final das oficinas, mãos dadas para agradecer e degustar o lanche delicioso.

O cansaço dava lugar à sensação de dever cumprido. A cabeça voava longe, já pensando na próxima semana.

E esses foram, com certeza, os dois anos mais significativos de nossas vidas!

Que venham mais!

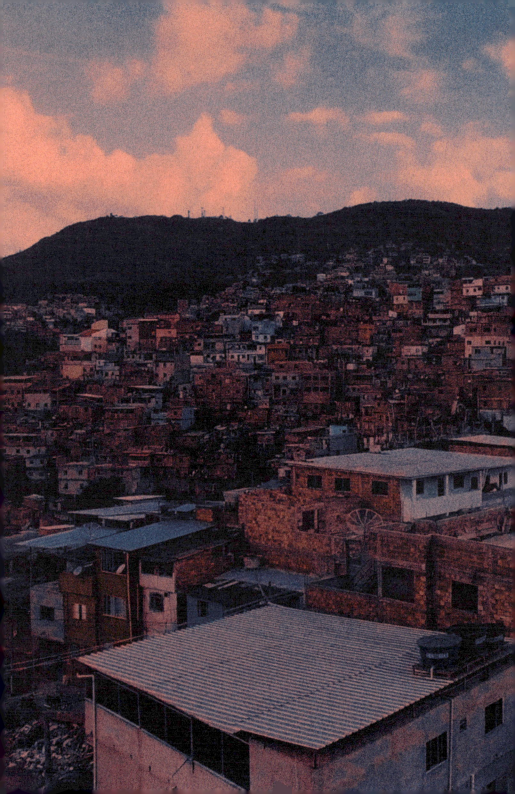

OI! VOCÊ CONHECE O LÁ DA FAVELINHA? FUNK, ARTE, RESISTÊNCIA E PODER NOS MORROS DE BELO HORIZONTE

MAÍRA NEIVA GOMES

Tô fechado com a banda mais foda
Os Crias da Favelinha incomoda
Estamos estampando artigo de moda
E não boletim policial!
Como era normal
Um tempo atrás...
(Rap Bruto, Trecho da música "Sexta Lei")

Com pouco mais de três anos de existência, o Lá da Favelinha tornou-se referência cultural em Belo Horizonte. Localizado no Aglomerado da Serra, o segundo maior conjunto de Favelas da América Latina, o centro cultural é um dos responsáveis pela aproximação entre morro e asfalto na capital das Alterosas.

O Aglomerado da Serra também poderia ser chamado de "Favela Cultural". Reunindo oito vilas e abrigando cerca de 80 mil pessoas, existe há mais de cem anos.[4] Acolheu aqueles e aquelas que dedicaram seus corpos à construção de Belo Horizonte. Mas também tornou-se um guardião da cultura afrodescendente mineira.

Localizado na Serra do Curral, o Serrão – como é chamado por seus moradores e por suas moradoras – é cercado por cachoeiras e, sob as bênçãos das águas, tornou-se lugar sagrado para religiões de matriz africana. Conta-se[5] que os batuques de tambores sempre eram ouvidos a quilômetros de distância.

Ao longo do século xx, o Serrão transformou-se em "caldeirão cultural". Samba de roda mineiro, pagode, *soul* sempre tiveram moradia ali. Mas, a partir dos anos 80, tornou-se referência para a cultura afrodescendente. O Baile da Saudade[6] também foi construído por moradores do Aglomerado que criaram a primeira rádio comunitária "ilegal" de favela, a Rádio Favela.[7]

Nas primeiras décadas do século xxi, o rap tomou conta do Aglomerado da Serra, que já não se contentava mais em permanecer segregado. O Duelo de mcs – maior encontro de rappers da América Latina – "pulou" o muro, desceu para o Centro da cidade e ocupou, definitivamente, o Viaduto de Santa Teresa.[8]

O funk também tem grande espaço na Serra. Há mais de quinze anos, bailes são realizados no Aglomerado e, sistematicamente, perseguidos pelo poder público. No ano de 2017, durante o Baile da Serra, um adolescente de apenas 14 anos foi assassinado pelas forças policiais. O funk, que já fazia parte do cotidiano cultural do Aglomerado, tornou-se poderoso instrumento de afirmação, autorreconhecimento, resistência. Em outras palavras, virou a concretização do *ubuntu*.

É nesse cenário político-cultural que o Lá da Favelinha se insere. Esse pequeno texto pretende narrar essa trajetória sob a perspectiva epistemológica,[9] sem qualquer pretensão de esgotar outras narrativas.

Como dizem os e as mcs da Favelinha, "Pega a Visão!"[10]

BELO HORIZONTE TAMBÉM É PRETA E REBELDE

Belo Horizonte é uma das maiores capitais do Brasil. Reconhecida, nacionalmente, como metrópole cultural, suas montanhas escondem – pelo menos daqueles que a visualizam apenas por fotos – uma rígida segregação sociorracial que acompanha a própria topografia da cidade.

O caminhar pelas montanhas da capital das Alterosas revela duas cidades em apenas uma. Na parte alta[11] encontram-se os bairros nobres, as obras de Oscar Niemeyer, o conjunto arquitetônico inspirado no Palácio de Versalhes.[12]

Já a parte baixa da cidade, que, do ponto de vista histórico-arquitetônico, foi construída para fins comerciais,[13] foi "tomada" pela *ralé brasileira*.[14] Até hoje, o Baixo Centro de Belo Horizonte é o lugar de circulação de trabalhadores "livres" assalariados.

No entanto, tornou-se também território de afirmação coletiva desses sujeitos invisibilizados pela imposição da (sub)identidade econômica moderna capitalista cristã. Negando a condição de meras mercadorias, tais sujeitos afirmam sua cultura ocultada, estigmatizada, silenciada pelo processo de escravização colonial moderna.

É nessa região que ocorrem, desde a segunda década do século xxi, os Duelos de mcs, o Samba da Meia Noite – roda de samba mineiro que preserva elementos religiosos de matriz africana, a Praia da Estação – movimento político-cultural pela ocupação dos espaços públicos da cidade, os encontros de blocos de carnaval, encontros de skate, gaymada, entre tantas outras manifestações e performances culturais.

Atualmente, após várias tentativas do poder público de criminalizar e proibir tais manifestações culturais, o território da *ralé* tornou-se símbolo turístico da cidade. Mas tal reconhecimento pelo poder público foi capaz de minimizar os efeitos da segregação sociorracial em Belo Horizonte? E tais manifestações são reconhecidas como importantes expressões artísticas e políticas?

Essas indagações se fazem de extrema importância no atual momento brasileiro. Isso porque, embora o Brasil se orgulhe – internacionalmente – de seu diversificado e belíssimo aspecto cultural, persistem a segregação, a discriminação e a estigmatização da população afrodescendente, responsável por grande parte das construções artísticas e culturais brasileiras.

Mas de onde vem essa deslegitimação da cultura e da arte afro-brasileiras? E por que o funk é tão perseguido?

FUNK: RESISTÊNCIA E AFRONTAÇÃO – A LUTA CONTRA A COLONIALIDADE

O funk brasileiro já chegou à idade adulta, com cerca de quarenta anos. Nascido no Rio de Janeiro, hoje, é um dos gêneros musicais mais ouvidos no país, espalhando-se pelas favelas e asfaltos.

Mas, desde seu nascimento, o funk brasileiro sofre intensa perseguição, inclusive por parte do próprio Estado. Atacado sistematicamente pela mídia, por setores conservadores e até mesmo pelos progressistas, o funk resiste, sendo um importante guardião de valores, linguagens e corporalidades afro-brasileiras.

A cultura afrodescendente do Brasil historicamente sofre perseguições, desde os tempos da escravidão. Os ataques sofridos pelo funk já se viraram contra a capoeira, o maracatu, o samba, o rap.

Por sua vez, a população guetizada nas favelas – construtora de tais gêneros – ainda vive em situação de negativa de direitos básicos. Uma espécie de "subcidadania", como definido por Jessé Souza (2012). No entanto, tal fato histórico constitutivo não foi – e ainda não é – capaz de silenciar as vozes, os corpos, as almas daqueles que hoje sãos os e as responsáveis por preservar a diversidade cultural brasileira e, em especial, a cultura afrodescendente.

O Brasil, país que se constituiu, na Modernidade, por meio da utilização, em larga escala, de mão de obra negra escravizada, ainda guarda as violentas e excludentes marcas da escravidão. Muros invisíveis – quase instransponíveis – separam seres humanos nos centros urbanos. O quilombo urbano[15] – favela – pulsando em vida, ao lado da casa grande – asfalto – que insiste em enxergá-lo como senzala.[16]

Quando se fala em funk brasileiro, imediatamente busca-se justificativa na violência da favela, seja para rechaçá-lo, seja para "legitimá-lo".

Às vezes, chega a parecer que existe uma espécie de fetiche em falar de violência, miséria, exclusão. Como se as pessoas que vivem em favelas não fossem seres humanos, dotados de racionalidade, mas sim completos "selvagens".

De onde vem essa percepção que desumaniza e nega os sujeitos, sua cultura, sua arte e sua territorialidade?

Aníbal Quijano (2005), ao discorrer sobre o poder colonial que ainda persiste na América Latina, explica que, embora tenha ocorrido a descolonização – entendida como retirada da presença física constante dos países colonizadores –, o poder colonial ainda determina as formas de compreensão do mundo, do tecido social, dos indivíduos, bem como institui todas as formas de exercício de poder econômico, social e político, restrito àqueles que são portadores destes: as elites econômicas brancas.

É o que Quijano (2005) denomina de "colonialidade", que se estrutura em três tripés articulados: poder, saber, ser.[17] Segundo tal perspectiva, a Europa se coloca como início e fim da História Mundial, se apresentando como o ápice do desenvolvimento humano. Dessa forma, só aquilo que se encaixa dentro da concepção de mundo eurocêntrica cristã – o que inclui também a linguagem, a corporalidade – é percebido como racional, evoluído. Todas as demais formas de saberes, de organização social, de expressão cultural são consideradas irracionais, selvagens. Portanto, devem ser exterminadas, combatidas ou conformadas dentro dos moldes impostos pelo sistema.

A colonialidade cria binarismos que estabelecem hierarquias para sustentar as atuais estruturas sócio-político-econômicas que incidem sobre as organizações sociais e sobre os indivíduos: branco/negro; homem/mulher; heterossexual/homossexual; racional/irracional; civilizado/incivilizado. Assim, tudo aquilo que não for reconhecido pelo poder colonial como "superior" – dentro dessa lógica binária excludente, que estabelece um vencedor e um vencido – é silenciado, apagado, atacado ou "enquadrado".

Ora, a forma como enxergamos o mundo – o que inclui também a visão acadêmica – não é universal. É uma visão específica (europeia, cristã e capitalista) que foi imposta por um brutal e violento processo de colonização. Os saberes dos povos originários das Américas e dos povos sequestrados da África para a escravidão são negados, silenciados, ocultados pelo poder colonial que ainda perpetua no tecido social. Desde a escola somos ensinados e ensinadas a enxergar o mundo a partir dessas lentes europeias. Ou seja, tudo aquilo que não for cristão eurocêntrico é tido como selvagem, irracional.

A favela, no imaginário brasileiro, é o lugar do "não civilizado", do irracional, do violento. Os discursos sobre ela, embora variem entre a exterminação e a caridade, são repletos desse imaginário. O ponto em comum entre tais percepções – cujo olhar raso indicaria contrapontos extremos – está na compreensão da favela como o lugar do "não ser humano". Ou se exterminam e se encarceram em presídios os favelados e as faveladas ou, por meio da caridade, se salvam tais indívduos de si mesmos, já que estes seriam incapazes de perceber o baixo grau de desenvolvimento humano em que, supostamente, vivem.

Sendo o funk filho da favela, tais conceitos sempre permeiam os estudos sobre essa expressão artística e cultural. Ocorre que o Funk é muito mais complexo e instigante. Ele é a expressão contemporânea da identidade juvenil afro-brasileira. Carrega consigo importantes valores filosóficos, políticos, simbólicos, líricos, linguísticos e corporais das africanidades herdadas, que o poder colonial insiste em negar, silenciar, exterminar.

O primeiro texto acadêmico que fez referência ao funk brasileiro foi a dissertação de mestrado de Hermano Vianna (1988), irmão de Hebert Vianna – integrante da banda de rock Paralamas do Sucesso – e amigo do carioca DJ Marlboro.[18]

Hermano é antropólogo e tinha ciência da efervescência cultural negra e periférica. Isso porque, em 1976, Lina Frias tinha publicado um polêmico artigo no jornal,[19] atribuindo um caráter político aos encontros musicais de negros e negras nas periferias cariocas e cunhando a expressão "Movimento Black Rio".[20]

A base acadêmica dos estudos iniciais – e também dos atuais – sobre funk brasileiro indicam essa lógica colonial perversa – e quase invisível.

O filósofo japonês Nishitani Osamu (2006) evidencia que, na construção das ciências europeias – generalizadas para o mundo inteiro como única forma capaz de racionalizar o pensamento, por meio da busca da "verdade científica" – foi efetuada uma cisão nas ciências humanas.

O termo latino *humanitas*, nas línguas europeias, é utilizado para designar o humano. O humano é aquele que se afirma enquanto sujeito do conhecimento; conhecimento este que se apresenta como universal, da essência do ser humano racional (ocidental). Aqui se inserem quase todas as ciências humanas: Filosofia, Sociologia, Economia, entre outras.

No entanto, quando as ciências humanas se dedicam ao estudo de outras formas de pensar e existir, não europeias, o termo adotado é o grego *anthropos*, do qual deriva a Antropologia. A Antropologia não reconhece o ser humano enquanto sujeito do pensamento. Ele será sempre um objeto de estudos porque, supostamente, é irracional, já que não é eurocêntrico. Ou seja, a Antropologia, invenção europeia do século xix, vai estudar o Outro, o exótico, o sem cultura, o sem história, aquele que necessita ser "civilizado".

Embora Vianna (1988) busque, em seu texto, fugir da caracterização das periferias cariocas como lugar fora da civilização ocidental, as lentes científicas eurocêntricas adotadas impedem a compreensão aprofundada da cultura artística que se consolidava no Rio de Janeiro.

Nossa intenção é outra. Buscaremos descrever a importância do funk dentro de seu próprio complexo de valores e formas de organização social, reconhecendo nele uma importante cultura, que não precisa ser justificada dentro da lógica do pensamento eurocêntrico e muito menos classificada dentro das categorias cartesianas europeias.

Para que isso seja possível – e mais prazeroso para os leitores e as leitoras – optamos por iniciar por Jean-Michel Basquiat e sua relação com a cultura hip-hop, da qual se origina o funk.

BASQUIAT E LÁ DA FAVELINHA: OS PRETO E AS PRETA NO PODER

Jean-Michel Basquiat foi o primeiro artista plástico negro a ser legitimado – pela branquitude – enquanto artista. Oriundo do Brooklyn, periferia de Nova York, Basquiat agregava elementos da cultura hip-hop, que nascia naquela época,[21] à pop art norte-americana. No entanto, sua trajetória artística revela as dificuldades por ele enfrentadas de ser reconhecido em um espaço homogeneamente branco e eurocêntrico.

Basquiat foi impedido de ingressar em locais que exibiam sua própria obra. Por possuir um nome francês,[22] muitos negavam sua entrada ao depararem-se com um homem negro que usava ternos Armani sempre sujos de tinta.[23]

No entanto, talvez essa não seja a maior violência enfrentada pelo artista. Adotando o pseudônimo "Samô", Jean-Michel e o amigo Al Diaz resolveram romper as barreiras invisíveis que separam, até hoje, as periferias majoritariamente negras dos bairros e regiões ricos e brancos nos países colonizados e escravizados.

Atravessando o Rio Hudson, que separa as ilhas nova-iorquinas, pelo metrô grafitado e pixado vindo do Brooklyn, "Samô" passa a inscrever – em forma de pichação – mensagens em Manhattan, onde os *yuppies*[24] deliciavam-se com a efervescência artística de Nova York, enquanto a crise do petróleo corroía as esperanças e vidas nos bairros negros.

A ironia e a simplicidade das mensagens abriram as portas das galerias de arte para o artista negro. Mas não foram capazes de frear a violência racial que ainda orienta muitos estudos sobre arte e cultura.

A obra de Basquiat, segundo o próprio, coloca a pessoa negra no centro da reflexão artística. O consumismo em massa, denunciado pela *pop art* como o elemento de destruição das artes no século XX, não era o problema enfrentado pelos negros norte-americanos nas décadas de 1970/80.

Excluídos e excluídas do *American Way Of Life*,[25] negros e negras, além de terem sido os mais afetados pela crise socioeconômica do petróleo (1973/1978), ainda permaneciam segregados e segregadas, e tinham suas expressões artísticas duramente atacadas pelo Estado policialesco racial estadunidense.

"Grafite não é arte e sim depredação". "Pixadores são analfabetos". "Hip-Hop não é dança e muito menos música". Tais afirmações ainda acompanham as expressões artísticas afrodescendentes. É o que ocorre, atualmente, no Brasil, especialmente com o funk.

A arte negra somente é reconhecida enquanto tal quando legitimada por brancos. Sem tal reconhecimento, não passa de "violência e selvageria periférica".

Ocorre que tal reconhecimento exige o enquadramento da arte dentro dos critérios e das categorias cartesianas eurocentradas. Ora, tal violência é muito mais profunda do que se imagina. Isso porque a arte sempre foi manifestação política. É uma forma de comunicação que invoca os sentimentos mais profundos e as epistemes que permeiam os grupos sociais.

Negar tal fato pode implicar no esvaziamento e na incompreensão de manifestações artísticas e culturais. No caso da arte afrodescendente, pode levar ao aprofundamento do silenciamento. Ora, toda expressão artística carrega consigo valores culturais, sociais e epistemológicos que não deveriam ser descontextualizados e nem desterritorializados.

No caso de Basquiat, a busca desesperada por enquadrá-lo dentro das categorias artísticas impostas pelos brancos impede que se visualize o que há de mais belo em sua obra: a ironia e o uso de conceitos da pop art para efetuar críticas à situação vivenciada por negros e negras na sociedade norte-americana.

Rosa Martinéz[26] relata que a universidade sempre deteve o monopólio de ditar o "que era" e "quem" produzia arte. No entanto, o avanço capitalista produziu uma ruptura em tal legitimidade secular. A indústria cultural passou, no século xx, a deter tal poder, o que provocou, inclusive, importantes movimentos artísticos, em especial na segunda metade do século, tais como o *minimalismo* – que propunha a redução formal da arte e a produção de objetos em série, que transmitiam ao observador a percepção do ambiente em que a arte se inseria como algo limpo do caos – e a *pop art* – justamente uma crítica ao movimento minimalista.

No entanto, quem dominava esse mercado? Aqueles que possuíam o poder econômico. E em sociedades marcadas por profundas desigualdades sociais, edificadas por rígidas estruturas raciais hierárquicas, não eram – e ainda não são – os negros e as negras os detentores de tamanho poder social.

Sendo assim, a arte afrodescendente, seja nos EUA – tal como ocorreu com Basquiat –, seja no Brasil – como ocorreu com a capoeira, o samba, o hip-hop, o rap, o funk – depende de uma espécie de autorização para ser reconhecida enquanto tal. E como a arte afrodescendente não segue os padrões estéticos, comunicativos, linguísticos, corporais eurocentrados, é facilmente negada pelo discurso "científico".

Ora, para se compreender a amplitude de qualquer manifestação artística e cultural é imprescindível retirar os "óculos" cartesianos, que somente reconhecem beleza, cientificidade, racionalidade naquilo que é eurocêntrico.

Essa mescla harmoniosa de elementos artísticos que, aparentemente, não deveriam se misturar, vem da cultura hip-hop. E hip-hop não é somente dança. Também não é um estilo musical. É um complexo de valores, símbolos, linguagens e corporalidades que reivindicam o desvelamento de uma cultura violentada há mais de cinco séculos.

HIP-HOP, FUNK E O *UBUNTU:* A DIÁSPORA AFRICANA EM FORMA DE MÚSICA BRASILEIRA

Quais seriam as origens musicais do funk brasileiro? Indiscutivelmente, é um gênero único da música eletrônica, com característica afro-brasileiras.

No entanto, é também uma expressão da diáspora africana, que consiste no fenômeno histórico-social caracterizado pela imigração forçada de homens e mulheres do continente africano para outras regiões do mundo. Esse processo foi marcado pelo fluxo de pessoas e culturas africanas através do Oceano Atlântico e pelo encontro e trocas de diversos grupos étnicos[27] e culturas, seja nos navios negreiros ou nos novos contextos que os sujeitos escravizados encontraram fora da África.

No entanto, a diáspora não é apenas sinônimo de imigração à força e de violência colonial, mas também é uma redefinição identitária, ou seja, uma construção de novas formas de ser, agir e pensar no mundo. Os castigos físicos e o sofrimento fizeram parte da vida de homens e mulheres escravizados. Mas as lutas diárias, os novos elos afetivos, os vínculos familiares, territoriais, culturais, linguísticos, corporais também.

A experiência vivida desses indivíduos que foram transformados em objeto e, com a abolição da escravatura negra moderna, em sujeitos subalternos, gerou culturas específicas nos novos territórios nas Américas. Porém, tais culturas – bastante distintas entre si[28] – conservam elementos africanos que nos permitem visualizar instrumentos de resistência similares.

Nas *plantations*[29] do sul dos Estados Unidos da América, escravos e escravas cantavam enquanto trabalhavam. A música era um elemento da organização do trabalho, já que marcava o tempo de execução de tarefas. Mas era também um elemento de resistência, já que planos de fuga eram repassados pelo comando musical. No Brasil, esse mesmo elemento também é identificado, estando muito presente na construção do samba, do maracatu, da congada, da cavalhada, da capoeira.

Nos EUA, a melodia que embalava o trabalho e a resistência ganhou o nome de *blues*,[30] que era um gênero musical rural. No entanto, nos anos 30 e 40 do século XX, os assassinatos, os espancamentos, as torturas promovidos pela Ku Klux Klan no sul dos EUA forçaram a migração de negros e negras para centros urbanos no norte do país.

Segundo Vianna (1988), o *blues* agregou, assim, novos elementos urbanos e tornou-se *rhythm and blues* – R&B.[31] O R&B chegou às rádios e encatou jovens brancos que, copiando o estilo negro, criaram o *rock and roll*.

Músicos negros continuaram produzindo o R&B, mas, para se distanciarem do rock, desenvolveram um novo gênero que as diocotomias excludentes eurocêntricas são incapazes de explicar.

> A mais surpreendente dessas experiências foi a união do rhythm and blues, música profana, com o gospel, a música protestante negra, descendente eletrificada dos spirituals. O soul é o filho milionário do casamento desses dois mundos musicais que pareciam estar para sempre separados. (VIANNA, 1988, p. 19).

Ora, a compreensão de que existiria uma musicalidade religiosa que se opõe à musicalidade popular que se remete ao corpo é característica exclusiva do pensamento eurocêntrico cristão, no qual o corpo do indivíduo é identificado como lugar da irracionalidade, do desejo, da profanação, enquanto a alma (razão) abrigaria o contrário.[32]

Em 1968, ano do assassinato de Martin Luther King, segundo Palombini (2014), o *soul* – já utilizando a denominação *black music* – sofreu grandes transformações, com influência de James Brown, dando origem ao funk norte-americano. Esse se transformou na música *disco*, que, nos EUA, permaneceu sendo uma música negra, enquanto, no Brasil, embalava a juventude branca das grandes capitais.

Ainda nos anos 70, no Bronx, em Nova York, o *rhythm and blues* começou a dar origem ao rap, pelas mãos e bocas dos filhos e das filhas de *Black Panters*.[33] Inicia-se, assim, a construção da cultura hip-hop.

O Bronx era um gueto negro caribenho. Os relatos de Vianna (1988) informam que um DJ jamaicano, Kool Herc, organizava festas nas praças do subúrbio. Ao invés de apenas tocar os discos, o *disc jockey* utilizava um aparelho de mixagem para construir novas melodias.

Um de seus amigos, o DJ Grandmaster Flash, resolveu arranhar o vinil do disco, tocando-o ao contrário, em sentido anti-horário, transformando a agulha do toca-discos em instrumento musical. Essa técnica ficou conhecida como scratch. Nas festas suburbanas, Flash passou a entregar o microfone para que os dançarinos também improvisassem discursos que acompanhassem o ritmo da música.

Agora, a resistência, a improvisação, a inovação tomam uma forma musicial singular: um repente[34] eletrônico ou, simplesmente, rap. No entanto, o rap e a técnica do scratch não são elementos isolados, mas sim complementares da cultura hip-hop, que ainda abarca o *break* – dança; o *grafitti* – técnica de artes plásticas visuais; o *pixo* – inscrições em linguagem codificada; e o estilo estético conhecido como *b-boys* e *b-girls* – uso de roupas esportivas, de marcas que, nos anos 70, 80 e 90, patrocinavam atletas negros e negras.

Segundo Palombini (2018),[35] ao contrário do que afirmam alguns estudos, o funk brasileiro não nasceu no asfalto, no Canecão do Rio de Janeiro,[36] e muito menos com o lançamento do LP Funk Brasil 1, de DJ Marlboro.

O funk brasileiro teria nascido nos bailes dos subúrbios cariocas, onde um interessante processo linguístico ocorreu. O *miami bass*, hip-hop latino de Miami, com forte conteúdo sexual, passou a embalar as festas.

Como os e as amantes da música geralmente não falavam inglês, passaram a efetuar traduções intuitivas das músicas, cantando-as nos bailes e solicitando-as nas rádios. Surgem as *melôs*, que eram traduções feitas pela sonoridade de hip-hop latino. Com o passar do tempo, outros estilos de hip-hop norte-americano também foram incluídos, como o *free style* – repleto de teclados e elementos pop, que descende do *miami bass*.

Nos anos 90, o funk Brasil já é um gênero próprio e sofre a primeira onda de perseguição. O que esse breve relato pode nos apontar? Talvez, que o *ubuntu* está vivo e latente no funk.

Ramose (1999) explica que o ubuntu é a fonte ontológica e epistemológica africana do grupo linguístico banto. No entanto, a melhor forma de compreender o *ubuntu* é por meio da análise linguística. O prefixo *ubu* evoca a ideia de existência, antes que essa se materialize. No entanto, não é uma existência estática, tal como a epistemologia moderna ocidental compreende no ser. *Ubu* é a orientação, o caminho da manifestação concreta do ser, que segue em direção ao *ntu*, essa sim a manifestação concreta, específica do ser.

Sendo existência concreta – e não representativa, tal como aparece o ser na epistemologia eurocêntrica –, *ubuntu* indica incessante e contíunua manifestação do ser. Ou seja, indica o ser em movimento, em constante mutação.

Ubuntu é um nome verbal que, na gramática europeia, denominamos de gerúndio. Um nome verbal indica uma ação constante do ser, um movimento ininterrupto e contínuo que não assume forma definitiva, pois está sempre aberto a modificações, adaptações, complementações. O ser, nessa forma de linguagem, está engajado na ação de "fazer-se, tornar-se", ou seja, ele não é passivo, é (re)construtor de si mesmo.

A linguagem *reomodo* da filosofia do *ubuntu* indica fluidez incessante, multidirecional, que preserva a unidade entre o "não ser" que ainda está se fazendo – *ubu* – e o ser que já é, que já se materializou – *ntu*.

Essa concepção, segundo Ramose (1999), demonstra a visão musical da vida e do mundo dos povos do tronco etnolinguístico banto. Em tal epistemologia, o Universo é musical e, tal como as notas musicais, cada elemento é único, singular, distinto. No entanto, é necessário reunir tais distinções em um todo que se harmonize. Mas esse todo não é imutável, ele se refaz e busca, constantemente, novas harmonias.

Dessa forma, o equilíbrio não está na estática uniforme e fragmentada cartesiana eurocêntrica, e sim na harmonia em movimento dos elementos distintos entre si. Mas essa harmonia é construída ativamente, pois a música é sempre acompanhada pela dança e "a dança do ser é como um convite para participar ativamente e através da música do ser bem [...]" (RAMOSE, 1999, p. 8).

Esse conceito perpassa outro de extrema importância para os povos bantos: o *ubuntu*, expresso por meio de uma máxima moral zulu, significa que "uma pessoa só é uma pessoa através de outras pessoas", assim como as notas musicais somente formam uma música ou melodia quando expressam sua singularidade dentro do todo. Segundo Edilson Cazeloto (2011), *ubuntu* revela, então, o preceito de que a felicidade só existe em partilha.

Essa concepção é o Lá da Favelinha. Nenhum de nós é sem os demais. Somos inteiros na singularidade, mas nos tornamos completos e completas na coletividade. Por isso, para mim, o Lá da Favelinha é a minha família. E sendo a família que dá sentido à minha existência, jamais se tornará um objeto.

REFERÊNCIAS BIBLIOGRÁFICAS

CAZELOTO, Edilson. Ubuntu e a felicidade técnica. **Revista Galáxia,** n. 21, p. 171-175, jun. 2011.

FRANCO, Letícia Garroni Moreira; LEMES, Kalyton Lucas Alves. **O sistema moderno/colonial e a colonialidade de gênero.** 2018. Texto fornecido pelo autor e pela autora.

MARTÍNEZ, Rosa. La mercancia y la muerte: marchandise and death. Tradução nossa. In: SIERRA, Santiago. **Pabellón de España**: 50a Bienal de Venecia. Madrid: Turner, 2003. p 16-24.

OSAMU, Nishitani. Anthropos and humanitas: two western concepts of "human begin". Tradução nossa. In: SAKAI, Naoki; SOLOMON, Jon (Orgs.). **Translation, Biopolitics, Colonial Difference.** Japão: Hong Kong University Press, 2006. p. 259-273.

PALOMBINI, Carlos. O som à prova de bala. **IV Seminário Música Ciência Tecnologia:** Fronteiras e Rupturas, n. 4, p. 271-279, 2012. Disponível em: http://www2.eca.usp.br/smct/ojs/index.php/smct/article/view/80/79. Acesso em: 12 set. 2014.

PALOMBINI, Carlos. Resenha de 1976: Movimento Black Rio, de Luiz Felipe de Lima Peixoto e Zé Octávio Sebadelhe (Rio de Janeiro: José Olympio, 2016). **Opus,** v. 23, n. 2, p. 243-247, ago. 2017.

PEIXOTO, Luiz Felipe de Lima; SEBADELHE, Zé Octávio. **1976: Movimento Black Rio.** Rio de Janeiro: José Olympio, 2016. 253 p.

POLI, Ivan da Silva. **A importância do estudo das mitologias e gêneros literários da oralidade africana e afro-brasileira no contexto educacional brasileiro:** a relevância da Lei 10639/03. 2014. 133f. Dissertação (Mestrado em Educação) – Faculdade de Educação, Universidade de São Paulo, São Paulo, 2014.

QUIJANO, Aníbal. Colonialidade do poder, eurocentrismo e América Latina. In: LANDER, Edgardo (Org.). **A colonialidade do saber**: eurocentrismo e ciências sociais – perspectivas latino-americanas. Buenos Aires: CLACSO, 2005. (Colección Sur Sur). p. 107-129.

RAMOSE, Mogobe B. **A filosofia do Ubuntu e Ubuntu como uma filosofia.** Tradução de Arnaldo Vasconcellos. Harare: Mond Books, 1999. p. 49-66.

RATTON, Helvécio. **Uma onda no ar.** Brasil: 2001. 1 vídeo disco (1:32 min.): som, color.

SOUZA, Jessé. **A construção social da subcidadania:** para uma sociologia política da modernidade periférica. 2 ed. Belo Horizonte: Editora UFMG, 2012. 207 p.

VIANNA, Hermano. **O mundo funk carioca.** Rio de Janeiro: Zahar Editor, 1988. 115 p.

AUTORES

ANA PI

Ana Pi é artista coreográfica e da imagem, pesquisadora das danças da diáspora negra, dançarina contemporânea e pedagoga graduada pela Escola de Dança da Universidade Federal da Bahia, no Brasil. Estuda a dança e a imagem no Centre Chorégraphique National de Montpellier, na França, e performa e palestra sobre danças urbanas no Brasil, na Europa e na África. Também ministra oficinas de dança a partir da prática denominada Corpo Firme. É colaboradora de vários projetos e artistas de diversas linguagens, além de criar trabalhos autorais. Desde 2015 é uma das parceiras, na dança, do Centro Cultural Lá da Favelinha, onde realizou a oficina "Corpo Firme – danças periféricas, gestos sagrados". Ana Pi também foi uma das juradas da 8ª edição da Disputa Nervosa no Teatro Espanca.

BELLA RODSIL

Isabella Rodsil sempre morou com seus pais no Aglomerado da Serra. Fez ballet clássico por nove anos e conheceu a Favelinha em 2017. É apaixonada pelo centro cultural e participa das oficinas de Vogue e Percussão. Também é estilista e costureira da marca Remexe e participa do projeto de extensão da Universidade Fumec.

BIGNEI

MC Bignei tem nove anos e, através do incentivo dos pais, tios e do padrinho Kdu dos Anjos, iniciou sua carreira no rap com três anos de idade, a partir das rimas que produzia durante as oficinas de rap no Centro Cultural Lá da Favelinha. Ao reunir seu talento ao das outras crianças e jovens do Centro Cultural, formou o grupo MCs da Favelinha. Já fez curso de teatro e participou de comerciais e videoclipes, além de ser modelo da Favelinha. Possui dez músicas e cinco poesias autorais e, desde 2016, se apresenta e tem ganhado reconhecimento nos palcos culturais de Belo Horizonte.

BOBNEI DEPOIS DOS TRINTA

Claudinei Pereira de Souza, mais conhecido com MC Bobnei, é pai do MC Bignei e integrante do Centro Cultural Lá da Favelinha, o qual começou a frequentar a partir do convite dos artistas Kdu dos Anjos e Mano Betto. Participa das oficinas de rap desde 2015 e se consagrou como MC, modelo, ator, agente cultural e professor da oficina de rap do Centro Cultural. Já se apresentou em diversos palcos da cidade, atuou em filmes, séries e comerciais e fez cursos de audiovisual e mídia tática.

CAROL DOS ANJOS

Ana Carolina Costa dos Anjos, ou tia Carol, como também é conhecida, nasceu em Barbacena e foi criada na Vila Cafezal, no Aglomerado da Serra. Sua primeira profissão foi dar aula particular, ensinando amigos dos irmãos mais novos a ler. Também foi vendedora de docinhos. Aos 19 anos, se mudou para o Tocantins. Cursou Ciências Biológicas e cursos técnicos de Secretariado Executivo e Marketing no Instituto Federal do Tocantins. É graduada em Comunicação Social – Jornalismo pela Universidade Federal do Tocantins, mestre em Ciências do Ambiente pela mesma instituição e doutoranda em Sociologia na Universidade Federal de São Carlos. Trabalhou no Jornal do Tocantins, foi professora substituta no curso de Jornalismo da UFT por dois anos (2015-2017), escreveu um livro e organizou outros dois. É filha de Kitembo (Nkissi do tempo, da atmosfera), tia de João Pedro, Lívia e Letícia. Sua frase: "Conhecimento só é válido quando compartilhado".

CAUÃ REIS

Cauã Reis é estudante e artista e começou a participar das atividades do Centro Cultural Lá da Favelinha em junho de 2017. Entrou para o grupo de dança Passistas Mirins e percebeu que tinha diversos talentos artísticos. O artista também é modelo da Favelinha. Seu primeiro desfile foi na Feira do Empreendedor do Sebrae Minas, em agosto de 2017. Através do centro cultural, teve contato com pessoas que são representantes da cultura da favela e reconheceu que é fruto dessa cultura e da Favelinha.

CLÁUDIA GOMES FRANÇA

Cláudia Gomes estudou engenharia, arte e moda. O glamour do mundo da moda a levou a desenhar e fabricar sapatos para mulheres que desejam andar sempre além. Depois foi para a sala de aulas, inicialmente como designer de calçados e, mais tarde, como professora de Arte no CEFET-MG. Iniciou sua carreira como pesquisadora nos museus de ciência e tecnologia, onde teve as primeiras experiências na divulgação científica. Após o doutorado, desenvolveu o Projeto Ciência e Cultura no CEFET-MG e, a partir do interesse pela Cultura Maker, criou a 1º Jornada CEFET Maker. Também fundou o Projeto SoFiA, através do qual chegou ao Centro Cultural Lá da Favelinha, onde é professora da oficina Troca de Saberes com o CEFET. Em sua trajetória, usa a ciência para ir aonde o povo está, de modo que leva ciência para as pessoas nas ruas, calçadas ou onde quer que elas estejam, a fim de transformar realidades.

CONCEIÇÃO R. DOS ANJOS

Conceição dos Anjos, mais conhecida como Çãozinha, é vice-presidente do Centro Cultural Lá da Favelinha, moradora do Aglomerado da Serra e mãe de cinco filhos, dentre eles, Kdu dos Anjos, fundador e gestor da Favelinha. É confeiteira e a responsável por preparar o lanche para as crianças de cada oficina do Centro Cultural. Também é integrante e organizadora do grupo de pilates e de bordado, além de ser uma grande incentivadora das crianças no processo educativo, de desenvolvimento humano e de empoderamento.

CYSI DOS ANJOS

"Ninguém pode contar suas histórias, então, quando vocês chegaram a mim, decidi que ajudaria a ter voz para contá-las".

Alcione Cristina Costa dos Anjos, mais conhecida como Cysi dos Anjos, é auxiliar de cozinha e educadora social. Integrante do Centro Cultural Lá da Favelinha desde sua fundação, passou da função de limpar o espaço à de aconselhar crianças e ser professora da oficina Corpo e Movimento, que trabalha a relação das crianças com o conhecimento do corpo dentro da sociedade.

FABÃO

Fábio Lucas, também conhecido como Fabão, é um jovem morador do Aglomerado da Serra. Sonhador, como todo menino da favela, queria ser jogador. Houve um desvio no meio do caminho e descobriu que o que realmente gostava de fazer era rap, cinema e arte no geral. A oportunidade de descobrir o que realmente queria surgiu no Centro Cultural Lá da Favelinha, que abriu portas para o primeiro palco, primeiro voo, primeira atuação e primeiro desfile. Ainda é uma história curta, que está apenas começando. Mas acredita que esse pequeno grande início já valeu muito.

FERNANDO MACULAN

O arquiteto Fernando Maculan atua em uma vasta gama de projetos cuja aproximação com a arte, o design e os fazeres tradicionais tem lhe proporcionado um constante processo de revisão de sua produção mais frequente no próprio campo da arquitetura. Seu trabalho, tantas vezes fruto de processos de criação multidisciplinares e colaborativos, fundamenta-se na elaboração de conceitos coerentes com as especificidades do lugar, na interpretação criteriosa do público envolvido e na pesquisa e no emprego de materiais, técnicas e tecnologias adequadas a cada contexto, com ênfase na diversidade.

JULIANA SILVEIRA

Juliana Silveira é jornalista e desde 2012 desenvolve trabalhos de empoderamento com crianças e adolescentes do Aglomerado da Serra. Em 2016, se aproximou do Centro Cultural Lá da Favelinha, onde atuou como assessora de imprensa e produtora cultural. Atualmente, ministra oficinas voluntárias no espaço.

KDU DOS ANJOS

Carlos Eduardo Costa dos Anjos, mais conhecido como Kdu dos Anjos, é morador do Aglomerado da Serra e desde a infância é apaixonado por escrita, teatro, poesia e música. É fundador e gestor do Centro Cultural Lá da Favelinha, empreendedor, produtor cultural e um artista com diversas atuações, como MC, poeta, compositor e ator. Com muitos sonhos, decidido e persistente, Kdu é um multiplicador e busca fazer as pessoas acreditarem em suas próprias ideias para transformarem suas realidades.

LIZA VASCONCELOS SIMÕES

Liza é analista internacional e parceria do Centro Cultural Lá da Favelinha. Diz que se arrepia toda vez que memórias da Favelinha surgem em sua cabeça. Sua relação com a Favelinha é de admiração e gratidão. Acredita em todas as pessoas que estão ali, construindo diariamente um amanhã mais justo e aconchegante, sem divisões, segregações, conotações ou limitações. São oportunidades conquistadas com competência, talento, dedicação, fé e união. Pensa que o futuro recairá na própria capacidade de união e construção coletiva e acredita no futuro construtor e contribuidor da Favelinha para o mundo. Sente gratidão por conhecer um centro cultural tão extraordinário para o país.

MARCIA VALERIA

Marcia Valeria Cota Machado é graduada em Administração de Empresas, especialista em Desenvolvimento de Projetos para Arranjos Produtivos Locais, em Gestão de Pessoas, Gestão Agroindustrial e Gestão de Projetos e mestre em Administração Profissional. Atua como gerente da indústria no Sebrae Minas e possui experiência nas áreas de inovação, gestão, empreendedorismo e desenvolvimento territorial e setorial. Idealizadora do Projeto de Empreendedores do Morro do Sebrae Minas, implementou ações para promover o desenvolvimento dos empreendedores das comunidades. Também é parceira e incentivadora das iniciativas do Centro Cultural Lá da Favelinha.

MARQUIM D'MORAIS

Marquim D'Morais é artista, músico, poeta, capoeirista, empreendedor, arte-educador e produtor cultural. Foi o primeiro parceiro do Centro Cultural Lá da Favelinha como professor de capoeira voluntário. Também foi idealizador da marca MDM Eleve-se, que participou das duas primeiras edições do Favelinha Fashion Week. É professor de jiu-jitsu desde 2014, autor do livreto *Com Textos de Um Favelado* (2015), poeta da #seriebocalivre (2017/2018), integrante do projeto Capoeira Origem há 20 anos e professor de capoeira no Aglomerado da Serra há 13 anos. Em 2017, lançou o disco *Do Alto do Morro* e graduou-se bacharel em Educação Física pelo UniBH.

MAÍRA NEIVA GOMES

Maíra Neiva Gomes é advogada popular, mestre e doutora em Direito pela Pontifícia Universidade Católica de Minas Gerais e professora da UEMG, além de Coordenadora de Extensão da UEMG – Unidade Diamantina. Produtora cultural e parceira do Centro Cultural Lá da Favelinha, participa da organização do Baile da Serra e do coletivo político-cultural Observatório do Funk.

NEGONA

Welleton Carlos, também conhecido como Negona, é dançarino, intérprete, coreógrafo e graduando em Dança pela Universidade Federal de Minas Gerais. Formado em dança pelo Valores de Minas (2014), é diretor do Grupo Identidade, dançarino do grupo Favelinha Dance, bailarino do grupo avançado Harmonia Studio de Dança e do grupo avançado Oficina da Dança. Também é produtor do Baile Funk da Serra, membro do coletivo político-cultural Observatório do Funk e da World Economic Forum.

PDR VALENTIM

Pedro Valentim, mais conhecido como PDR, é jornalista, poeta, artista gráfico e MC. Conheceu a cultura hip-hop ainda na adolescência e desde então atua cotidianamente nela, acreditando na essência das manifestações artísticas urbanas. Foi integrante da Conspiração Subterrânea Crew e do grupo de rap Rima Sambada. É idealizador do projeto Um Poema por Dia e integra a Família de Rua, organização de Belo Horizonte que realiza, entre outras ações, os projetos Duelo de MCs, Duelo de MCs Nacional e O Som que vem das Ruas. Também faz parte da Spin Force Crew, coletivo de hip-hop com mais de 20 anos de história em Belo Horizonte.

ROGÉRIO COELHO

Rogério Coelho é poeta, professor, vice-diretor do Valores de Minas, mestre em Artes pela Universidade Federal de Minas Gerais e articulador do Coletivoz, Sarau de Periferia e Slammaster do Slam Clube da Luta e da competição de poesia falada. Atua na educação pela arte com trabalhos pelos coletivos de referência negra, da mulher, dos LGBTQIA+ e de todos que lutam contra a opressão de classe, cor e gênero. É dramaturgo de teatro desde 2006.

TEFFY ANGEL

Teffy Angel é uma cantora conhecida como rainha do Swing Envolvente. Iniciou sua carreira aos 14 anos de idade e possui três produções, que são as músicas Swing Envolvente, Eita Vida Boa, produzida em parceria com Black Machine, e É Só Você (único BB), lançada com MC Vini Joe. Também atua como DJ e tem parceria com a produtora audiovisual Caviar Entretenimento. Para a artista, a Favelinha é sua segunda família.

THAÍS MILANI

Thaís Milani é jornalista graduada pela Universidade Católica de Minas Gerais (PUC Minas) e pós-graduada em Comunicação Digital pela mesma universidade. Conheceu o Centro Cultural Lá da Favelinha no início de 2017 e ali fez uma pesquisa para desenvolver seu trabalho de conclusão de curso. Atua na área de comunicação da instituição desde 2018. Para ela, a Favelinha é inspiração e sua arte revela o íntimo do ser humano e tem um enorme potencial para transformar o mundo.

VINI JOE

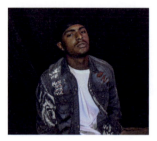

ViniJoe é MC do Aglomerado da Serra descoberto no Centro Cultural Lá da Favelinha, que abriu portas para que se apresentasse em diversos palcos de Belo Horizonte. Representado pela produtora e gravadora independente Caviar Entretenimento, ViniJoe iniciou sua carreira solo e participa de diversos projetos do rap de Minas Gerais.

NOTAS

1. Roteiro em processo.

2. Segundo a Wikipédia, "o *upcycling*, também conhecido como *reutilização criativa*, é o processo de transformação de subprodutos, resíduos, produtos inúteis ou indesejados em novos materiais ou produtos de melhor qualidade ou com maior valor ambiental."

3. O Centro Cultural Lá da Favelinha voou alto com o Favelinha Fashion Week e fez parcerias com outras marcas, principalmente de moda local, e que fazem sucesso juntas. As parceiras são a Cacete Company, O Jambu, Mollet, Moral de Cria, Re-Roupa e Melissa.

4. Belo Horizonte foi fundada em 1987. O Aglomerado da Serra, provavelmente, nasceu por volta de 1917.

5. O Projeto Circuito Serra, coordenado por moradoras do Aglomerado, como Cristiane Pereira (Kika) e Luísa Nonato, está efetuando o mapeamento cultural e resgatando a historiografia do Aglomerado da Serra. Relatos orais contam sobre a realização de rituais religiosos de matriz africana nas primeiras décadas do século XX.

6. Festa periférica de *black music*.

7. Foi a primeira rádio "pirata" a ser legalizada no país, em 2002. Hoje, chama-se Rádio Autêntica (106.7 FM) e permanece no Aglomerado. Continua sendo dirigida por Misael Avelino dos Santos. É muito ouvida em periferias e presídios da Região Metropolitana de BH. Sobre a história da Rádio Favela, indica-se o filme documentário Uma Onda no Ar.

8. Douglas Din, um dos Mestres de Cerimônia do Duelo de MCs, era morador do Serrão. Embora não resida mais no Aglomerado, mantém fortes laços com sua Favela de origem.

9. Faz referência às formas de produção de conhecimento humano. Cada cultura humana possui um conjunto de valores – geralmente

herdados das religiões – que vão determinar as formas de pensar e produzir conhecimentos. A epistemologia ocidental, que, neste texto, denominamos de "eurocêntrica", tem fundamentos no cristianismo.

10. Termo generalizado no Dialeto de Favelas que significa "me enxergue". Essa necessidade de ser visto/a enquanto ser humano – dotado/a de racionalidade – emerge de várias formas, pela violência, pelo consumo, pela arte, pelo esporte.

11. A referência é à zona centro-sul de Belo Horizonte.

12. Na Praça da Liberdade.

13. A Praça da Estação reúne o complexo arquitetônico estruturado para fluir mercadorias que chegavam à cidade pela linha ferroviária.

14. *Ralé brasileira* é o termo que Jessé Souza utiliza para referir-se à população afrodescendente brasileira. O termo indica um *status* de direitos inferior – na prática – se comparado ao patamar de direitos do qual usufruem brasileiros/as brancos/as. Para aprofundamento, sugere-se a leitura de SOUZA, Jessé. **A construção social da subcidadania:** para uma sociologia política da modernidade periférica. 2 ed. Belo Horizonte: Editora UFMG, 2012. 207 p.

15. Há debates acadêmicos sobre a caracterização de favelas como quilombos. Adotamos a teoria que reconhece muitos pontos de semelhança entre ambos.

16. Aqui compreendida como moradia/depósito do "objeto" trabalhador.

17. "A colonialidade do poder diz respeito a um modelo hegemônico global de poder que articula as noções de raça e trabalho, espaço e pessoas, de acordo com as necessidades do capital, e traz à tona a noção de que as relações de colonialidade nas esferas econômica e política não terminaram com o fim do colonialismo.
A colonialidade do saber revela a constituição colonial dos saberes, das linguagens, da memória e do imaginário. Traz à tona a herança

colonial epistemológica que exclui e/ou oculta visões de mundo diferentes de uma visão de mundo eurocêntrica; contribuindo para uma hegemonia cultural da Europa perante o resto do mundo. Entendida não como mero instrumento para a construção e perpetuação do poder, mas, antes de tudo, necessária à constituição do poder. Diante disto, a modernidade é marcada pela universalização da experiência europeia, sendo essa universalização altamente excludente; isso porque, a partir da experiência particular da história europeia, realiza-se uma leitura da totalidade do tempo e espaço da experiência humana.

A colonialidade do ser busca explicitar a experiência vivida da colonização. O surgimento do conceito de colonialidade do ser, portanto, responde à necessidade de se perguntar sobre os efeitos da colonialidade na experiência vivida dos sujeitos subalternos e não só em relação à formação mental e do imaginário, do qual a colonialidade do saber dá conta. Demonstrando a criação de 'hierarquias humanas'." (FRANCO, Letícia Garroni Moreira; LEMES, Kalyton Lucas Alves. **O sistema moderno/colonial e a colonialidade de gênero.** 2018. Texto fornecido pelo autor e pela autora, p. 1-2.)

18. DJ Marlboro produziu o primeiro LP de funk, Funk Brasil 1, lançado em 1989.

19. A respeito do tema, sugere-se a leitura de PALOMBINI, Carlos. Resenha de 1976: Movimento Black Rio, de Luiz Felipe de Lima Peixoto e Zé Octávio Sebadelhe (Rio de Janeiro: José Olympio, 2016). **Opus,** v. 23, n. 2, p. 243-247, ago. 2017.

20. As festas ocorriam em quadras, salões nos subúrbios cariocas, onde se tocava *black music*. Haveria, então, relação com as festas embaladas pelo mesmo som nos EUA, onde a presença de Black Panters e seus filhos e filhas conferia forte caráter político. O MNU chegou a divulgar nota de apoio às festas soul.

21. Anos 1970/80.

22. Jean-Michel era filho de imigrantes de Porto Rico e Haiti. Seu nome francês deve-se à ocupação/colonização francesa no Haiti.

23. É importante destacar que, ao longo desses poucos anos de existência do Lá da Favelinha, já presenciamos – infelizmente, mais de uma vez – os dançarinos e as dançarinas passistas serem impedidos de permanecer nos eventos para os quais são contratados e contratadas para dançar.

24. *Young urban professional.* Jovem profissional urbano. É usado para referir-se a jovens profissionais entre os 20 e os 40 anos de idade, geralmente de situação financeira intermediária entre a classe média e a classe alta. Os yuppies, em geral, possuem formação universitária, trabalham em suas profissões de formação e seguem as últimas tendências da moda. Nos anos 80, estavam presentes em Wall Street.

25. Estilo de vida das classes medias brancas, propiciado pela adoção de políticas econômicas e sociais keynesianas, do qual negros/as e latinos/as foram excluídos.

26. MARTÍNEZ, Rosa. La mercancia y la muerte: marchandise and death. In SIERRA, Santiago. **Pabellón de Espanã:** 50a Bienal de Venecia. Madrid: Turner, 2003. p 16-24.

27. No Brasil, há a presença muito forte de dois grupos etnolinguísticos africanos: yorubás e bantos. A autora desse texto é descedente do grupo etnolinguístico banto.

28. As distinções culturais não referem-se somente ao macroterritório (países modernos), mas também aos microterritórios. Nesse sentido, é impossível buscar generalizar culturas de favela. Uma favela do Rio de Janeiro é completamente diferente de uma favela de Belo Horizonte ou São Paulo ou Salvador. Mas favelas em Belo Horizonte possuem traços culturais identitários distintos umas das outras. No Aglomerado da Serra, as roupas são bastante coloridas. Já no Morro do Papagaio – também na região Centro-Sul de Belo Horizonte – há uso constante de cores escuras. O dialeto muda. As formas de micro--organização social também, e assim em diante.

29. Plantações de algodão.

30. Uma tradução direta sugere *tristeza*.

31. Em New Orleans – sul dos EUA – o *blues* dá origem ao *jazz*, música que embalou os bares clandestinos durante a lei seca norte-americana. A música negra, nos países escravocratas, sempre se vincula a outras atividades também consideradas ilícitas. Sendo também interpretada como atividade criminosa – vadiagem, crime previsto em vários códigos penais, incluindo o brasileiro ainda vigente –, a música negra busca refúgio junto a outros grupos "deliquentes".

32. Uma interessante demonstração de que esse modo de compreender a musicalidade afro é totalmente deslocada da realidade é a oposição imaginária que o asfalto faz entre funk e religiões pentecostais. Nas favelas brasileiras não existe tal binarismo excludente. MCs e DJs costumam fazer pequenas orações ao subirem nos palcos e também costumam agradecer a Deus e a Jesus após cantarem funk com temática sexual. No Rio de Janeiro, no Baile da Gaiola do Morro da Penha e no Baile do Parque União – PU – no complexo da Maré, pastores, missionários e missionárias oram durante o baile, sendo que o som é desligado para o momento de louvor que é efetuado no microfone do MC. Pulseirinhas com a inscrição "Só Jesus salva" são distribuídas, assim como bênções. Em Belo Horizonte, muitos bailes são realizados ao lado das igrejas e há acordo para estabelecer horários consensuais que possibilitem que ambas as culturas se manifestem aos domingos. Os e as MCs, os dançarinos e as dançarinas do Lá da Favelinha, antes de cada apresentação, atrás do palco, dão as mãos e, juntos, pedem proteção ao Deus cristão. Poli (2014) explica que as culturas afro – desde a África – sempre foram abertas a incorporações de matrizes culturais diferentes, buscando construir uma harmonia ao invés de estabelecer binarismos excludentes. Segundo Ramose (1999), tal característica é apontada por Hegel – filósofo alemão do século XIX – como um sinal de inferioridade da cultura africana. Para nós, indica um sinal inegável de superioridade cultural, já que implica em um profundo respeito ao Outro.

33. Panteras Negras. O rapper Tupac era filho de uma Black Panter e, desde a infância, lia muitos livros sobre política e a questão negra.

34. O repente nordestino – cantoria – não se relaciona com a cultura hip-hop norte-americana, pois é muito anterior. Nasce no século XIX, no Nordeste brasileiro. É interessante que, apesar da distância geográfica e temporal, a técnica discursiva é muito similar, embora o repente nordestino guarde também muitos elementos da trova medieval europeia.

35. Anotações de aula. Escola de Belas-Artes e Escola de Música da UFMG.

36. Relato generalizado pela narrativa do Movimento Black Rio.

ÍNDICE FOTOGRÁFICO

ESTER	9
MALÊ	14, 58, 59, 119
SEM SELO	17
GLÊNIO CAMPREGHER	22, 81
PONTO 618	24, 49, 50, 51, 52, 53, 54, 55
MAURO FIGUEIREDO	31, 34, 35, 36, 37 ,38, 39, 40, 41, 42
ESTEVÃO ANDRADE	43, 44, 45, 46, 47, 48
KDU DOS ANJOS	57
LETÍCIA MAROTTA	85, 89, 93, 94, 95, 96, 97, 98, 99, 100, 101, 102 ,103, 104, 105, 106, 107, 108, 141
GABRIELA OTATI	121, 122, 123, 124
PABLO BERNARDO	112, 129, 138, 139
LUIZINHO DO MORRO	136, 137
TULIO CIPÓ	140,147